눈으로 읽고 마음으로 옮겨쓰는

출애굽기 • 레위기

[Exodus] [Leviticus]

시작한 날 : 년 월 일

끝마친 날 : 년 월 일

❖ 왼쪽면을 따라쓰실 때 반을 접어서 쓰시면 훨씬 수월합니다.

출애굽기

"출애굽기"라는 말은 헬라어 Exodos(엑소도스)로부터 파생된 라틴어인데, '길을 떠나다' 벗어나다'라는 의미를 가지며, 저자는 모세임을 밝히고 있다.(17:14;24:4;34:27 참조) 출애굽기의 기록연대는 왕상 6:1에 따르면, 출애굽 사건은 "솔로몬이 이스라엘 왕이 된 지 4년"을 기준으로 B.C 480년 전에 발생하였다. 그 해가 주전 966년이므로 출애굽은 주전 1446년에 일어났다고 전통적으로 주장되어 온다.

출애굽기의 구성은,

제 1 부:애굽에서의 이스라엘(1-13:16) | 1:1-18:27절까지는 구원을 주제로,
제 2 부:광야에서의 이스라엘(13:17-18:27) | 19:1-24:18까지를 율법수여를 주제로,
제 3 부:시내산에서의 이스라엘(19:1-40:38) | 25:1-40:38까지는 성막건축의 주제로 나눌 수 있다.

특징으로는,
많은 사건들이 그리스도와 연관된 예표적인 의미를 지니고 있다는 점이다.
모세의 출생 시 어린 아들의 죽음(출 1장; 마 2:16),
인류의 대속주를 뜻하는 유월절 어린양과(출 12장; 요 1:29; 고전 5:7),
생명의 떡을 상징하는 만나의 사건(출 16장; 요 6:48),
생수를 의미하는 반석의 물(출 17장; 고전 10:4),
피로세운 언약을 뜻하는 새 언약(출 24장; 눅 22:20),
인류의 대제사장이신 그리스도를 상징하는 제사장 제도(출 28, 29장; 히 7장, 10장)
등이 그것이다. 따라서 신약과 밀접한 연관성을 갖는다.

도표로 정리하면 다음과 같다

<table>
<tr><td>초점</td><td colspan="2">애굽에서의 구속(1-18장)</td><td colspan="3">하나님의 계시 및 언약 백성(19-40장)</td></tr>
<tr><td>단락</td><td colspan="5">1:1 13:16 18:27 40:38</td></tr>
<tr><td rowspan="3">주제</td><td>애굽에서의 이스라엘</td><td>광야에서의 이스라엘</td><td colspan="3">시내산에서의 이스라엘</td></tr>
<tr><td colspan="2">1-18장</td><td>19-24장</td><td>25-34장</td><td>35-40장</td></tr>
<tr><td colspan="2"></td><td>언약 및 율법제정</td><td>성막작업 계시/거역</td><td>성막 완공 및 봉헌</td></tr>
<tr><td rowspan="2">기간</td><td>430년</td><td>2개월</td><td colspan="3">10개월</td></tr>
<tr><td colspan="2">구원</td><td>율법</td><td colspan="2">예배</td></tr>
</table>

레위기

"레위기"라는 말은 헬라어 '레위티콘'(leuitikovn)으로 '레위인에 관한 것들'이라는 뜻을 가지고 있으며, 저자는 모세 오경의 다른 책들과 마찬가지로 모세'이다. 기록 연대는 이스라엘 백성들이 시내 광야에 도달한 후로부터 시내 광야를 떠날 때까지의 기간인 B.C. 1445-B.C. 1444년 사이로 추정할 수 있다.

레위기의 구조는 크게 두 가지로 분류된다.
첫째는 이스라엘 백성이 하나님께 나아가는 길과(1-17장),
둘째는 하나님께 나아간 백성들의 하나님과 동행하는 방법(18-27장)이다.
이러한 두 가지의 내용 중에서
첫 번째 부분의 주제는 '나는 거룩하다'라는 하나님의 선언이며,
두 번째 부분의 주제는 '그러므로 너희도 거룩하라'라는 명령으로서 하나의 주제가 '거룩'이다.

전체 주제로는,
레위기에서 가장 많이 사용하는 단어 중에 하나가 '거룩'이다. 이 단어는 무려 90번이나 나오고 있다(레 11:44-45; 레 19:3), 따라서 하나님이 거룩하신 것처럼 너희 또한 거룩한 백성이 되라는 요구와 명령이 주제가 된다. 즉 구속받은 백성이 어떻게 하나님 앞에 나가며 예배드려야 하는가를 보여주는 책이다.

레위기와 신약과의 관계
1) 레위기는 성전을 중심으로 이루어지는 제사의식을 다루고 있다.(히 9:24).
2) 레위기의 모든 제사는 참 제사의 그림자이다(히 10:1).
3) 레위기의 제사장은 참 제사장의 그리스도의 모형이다(히 9:11).
4) 5가지의 제사법과 7가지의 절기는 그리스도애 대한 완벽한 사역을 예표한다.
(히 8:5-10; 골 2:16-17)

도표로 정리하면 다음과 같다

예배의 희생제사 제도(1-17장)	이스라엘 백성들의 성별(18-27장)
이스라엘 백성이 하나님께 나아가는 길	하나님께 나아간 백성들이 하나님과 동행하는 방법
'나는 거룩하다' 라는 하나님의 선언	'그러므로 너희도 거룩하라' 라는 명령
율법(5대4법)을 통한 회복	성결법을 통한 지속적 교제(일반법, 제사장법, 절기법, 서원법
1445년 1-2월(약 한달 20일) - 시내산 출발전(민 10:11)까지 다룸	

출애굽기

이스라엘 자손이 학대를 받다

1 1 야곱과 함께 각각 자기 가족을 데
리고 애굽에 이른 이스라엘 아들들
의 이름은 이러하니
2 르우벤과 시므온과 레위와 유다와
3 잇사갈과 스불론과 베냐민과
4 단과 납달리와 갓과 아셀이요
5 야곱의 허리에서 나온 사람이 모두
칠십이요 요셉은 애굽에 있었더라
6 요셉과 그의 모든 형제와 그 시대의
사람은 다 죽었고
7 이스라엘 자손은 생육하고 불어나 번
성하고 매우 강하여 온 땅에 가득하
게 되었더라
8 ○ 요셉을 알지 못하는 새 왕이 일어
나 애굽을 다스리더니
9 그가 그 백성에게 이르되 이 백성 이스
라엘 자손이 우리보다 많고 강하도다
10 자, 우리가 그들에게 대하여 지혜롭
게 하자 두렵건대 그들이 더 많게 되
면 전쟁이 일어날 때에 우리 대적과
합하여 우리와 싸우고 이 땅에서 나
갈까 하노라 하고
11 감독들을 그들 위에 세우고 그들에

1】

2】

3】

4】

5】

6】

7】

8】

9】

10】

11】

게 무거운 짐을 지워 괴롭게 하여 그
들에게 바로를 위하여 국고성 비돔과
라암셋을 건축하게 하니라
12 그러나 학대를 받을수록 더욱 번성하
여 퍼져나가니 애굽 사람이 이스라엘
자손으로 말미암아 근심하여
13 이스라엘 자손에게 일을 엄하게 시켜
14 어려운 노동으로 그들의 생활을 괴롭
게 하니 곧 흙 이기기와 벽돌 굽기와
농사의 여러 가지 일이라 그 시키는
일이 모두 엄하였더라
15 ○ 애굽 왕이 히브리 산파 십브라라
하는 사람과 부아라 하는 사람에게 말
하여
16 이르되 너희는 히브리 여인을 위하여
해산을 도울 때에 그 자리를 살펴서
아들이거든 그를 죽이고 딸이거든 살
려두라
17 그러나 산파들이 하나님을 두려워하
여 애굽 왕의 명령을 어기고 남자 아
기들을 살린지라
18 애굽 왕이 산파를 불러 그들에게 이
르되 너희가 어찌하여 이같이 남자
아기들을 살렸느냐
19 산파가 바로에게 대답하되 히브리 여
인은 애굽 여인과 같지 아니하고 건
장하여 산파가 그들에게 이르기 전에

12】

13】

14】

15】

16】

17】

18】

19】

해산하였더이다 하매
20 하나님이 그 산파들에게 은혜를 베푸
시니 그 백성은 번성하고 매우 강해
지니라
21 그 산파들은 하나님을 경외하였으므
로 하나님이 그들의 집안을 흥왕하게
하신지라
22 그러므로 바로가 그의 모든 백성에게
명령하여 이르되 아들이 태어나거든
너희는 그를 나일 강에 던지고 딸이
거든 살려두라 하였더라

20】

21】

22】

모세가 태어나다

2 1 레위 가족 중 한 사람이 가서 레위
여자에게 장가 들어
2 그 여자가 임신하여 아들을 낳으니
그가 잘 생긴 것을 보고 석 달 동안 그
를 숨겼으나
3 더 숨길 수 없게 되매 그를 위하여 갈
대 상자를 가져다가 역청과 나무 진
을 칠하고 아기를 거기 담아 나일 강
가 갈대 사이에 두고
4 그의 누이가 어떻게 되는지를 알려고
멀리 섰더니
5 바로의 딸이 목욕하러 나일 강으로
내려오고 시녀들은 나일 강 가를 거
닐 때에 그가 갈대 사이의 상자를 보

1】

2】

3】

4】

5】

고 시녀를 보내어 가져다가
6 열고 그 아기를 보니 아기가 우는지
라 그가 그를 불쌍히 여겨 이르되 이
는 히브리 사람의 아기로다
7 그의 누이가 바로의 딸에게 이르되
내가 가서 당신을 위하여 히브리 여
인 중에서 유모를 불러다가 이 아기
에게 젖을 먹이게 하리이까
8 바로의 딸이 그에게 이르되 가라 하
매 그 소녀가 가서 그 아기의 어머니
를 불러오니
9 바로의 딸이 그에게 이르되 이 아기
를 데려다가 나를 위하여 젖을 먹이
라 내가 그 삯을 주리라 여인이 아기
를 데려다가 젖을 먹이더니
10 그 아기가 자라매 바로의 딸에게로
데려가니 그가 그의 아들이 되니라
그가 그의 이름을 모세라 하여 이르
되 이는 내가 그를 물에서 건져내었
음이라 하였더라

모세가 미디안으로 피하다

11 ○ 모세가 장성한 후에 한번은 자기
형제들에게 나가서 그들이 고되게 노
동하는 것을 보더니 어떤 애굽 사람
이 한 히브리 사람 곧 자기 형제를 치
는 것을 본지라
12 좌우를 살펴 사람이 없음을 보고 그

6】
7】
8】
9】
10】
11】
12】

애굽 사람을 쳐죽여 모래 속에 감추
니라
13 이튿날 다시 나가니 두 히브리 사람
이 서로 싸우는지라 그 잘못한 사람
에게 이르되 네가 어찌하여 동포를
치느냐 하매
14 그가 이르되 누가 너를 우리를 다스
리는 자와 재판관으로 삼았느냐 네가
애굽 사람을 죽인 것처럼 나도 죽이
려느냐 모세가 두려워하여 이르되 일
이 탄로되었도다
15 바로가 이 일을 듣고 모세를 죽이고
자 하여 찾는지라 모세가 바로의 낯
을 피하여 미디안 땅에 머물며 하루
는 우물 곁에 앉았더라
16 ○ 미디안 제사장에게 일곱 딸이 있
었더니 그들이 와서 물을 길어 구유
에 채우고 그들의 아버지의 양 떼에
게 먹이려 하는데
17 목자들이 와서 그들을 쫓는지라 모세
가 일어나 그들을 도와 그 양 떼에게
먹이니라
18 그들이 그들의 아버지 르우엘에게 이
를 때에 아버지가 이르되 너희가 오늘
은 어찌하여 이같이 속히 돌아오느냐
19 그들이 이르되 한 애굽 사람이 우리
를 목자들의 손에서 건져내고 우리를

13】
14】
15】
16】
17】
18】
19】

위하여 물을 길어 양 떼에게 먹였나
이다
20 아버지가 딸들에게 이르되 그 사람이
어디에 있느냐 너희가 어찌하여 그
사람을 버려두고 왔느냐 그를 청하여
음식을 대접하라 하였더라
21 모세가 그와 동거하기를 기뻐하매 그
가 그의 딸 십보라를 모세에게 주었
더니
22 그가 아들을 낳으매 모세가 그의 이름
을 게르솜이라 하여 이르되 내가 타국
에서 나그네가 되었음이라 하였더라
23 ○ 여러 해 후에 애굽 왕은 죽었고 이
스라엘 자손은 고된 노동으로 말미암
아 탄식하며 부르짖으니 그 고된 노
동으로 말미암아 부르짖는 소리가 하
나님께 상달된지라
24 하나님이 그들의 고통 소리를 들으시
고 하나님이 아브라함과 이삭과 야곱
에게 세운 그의 언약을 기억하사
25 하나님이 이스라엘 자손을 돌보셨고
하나님이 그들을 기억하셨더라

20】

21】

22】

23】

24】

25】

여호와께서 모세를 부르시다

3 1 모세가 그의 장인 미디안 제사장
이드로의 양 떼를 치더니 그 떼를
광야 서쪽으로 인도하여 하나님의 산

1】

호렙에 이르매
2 여호와의 사자가 떨기나무 가운데로
부터 나오는 불꽃 안에서 그에게 나
타나시니라 그가 보니 떨기나무에 불
이 붙었으나 그 떨기나무가 사라지지
아니하는지라
3 이에 모세가 이르되 내가 돌이켜 가서
이 큰 광경을 보리라 떨기나무가 어찌
하여 타지 아니하는고 하니 그 때에
4 여호와께서 그가 보려고 돌이켜 오
는 것을 보신지라 하나님이 떨기나무
가운데서 그를 불러 이르시되 모세야
모세야 하시매 그가 이르되 내가 여
기 있나이다
5 하나님이 이르시되 이리로 가까이 오
지 말라 네가 선 곳은 거룩한 땅이니
네 발에서 신을 벗으라
6 또 이르시되 나는 네 조상의 하나님이
니 아브라함의 하나님, 이삭의 하나님,
야곱의 하나님이니라 모세가 하나님
뵈옵기를 두려워하여 얼굴을 가리매
7 여호와께서 이르시되 내가 애굽에 있
는 내 백성의 고통을 분명히 보고 그
들이 그들의 감독자로 말미암아 부르
짖음을 듣고 그 근심을 알고
8 내가 내려가서 그들을 애굽인의 손
에서 건져내고 그들을 그 땅에서 인

2】

3】

4】

5】

6】

7】

8】

도하여 아름답고 광대한 땅, 젖과 꿀
이 흐르는 땅 곧 가나안 족속, 헷 족
속, 아모리 족속, 브리스 족속, 히위
족속, 여부스 족속의 지방에 데려가
려 하노라
9 이제 가라 이스라엘 자손의 부르짖음
이 내게 달하고 애굽 사람이 그들을
괴롭히는 학대도 내가 보았으니
10 이제 내가 너를 바로에게 보내어 너
에게 내 백성 이스라엘 자손을 애굽
에서 인도하여 내게 하리라
11 모세가 하나님께 아뢰되 내가 누구이
기에 바로에게 가며 이스라엘 자손을
애굽에서 인도하여 내리이까
12 하나님이 이르시되 내가 반드시 너와
함께 있으리라 네가 그 백성을 애굽
에서 인도하여 낸 후에 너희가 이 산
에서 하나님을 섬기리니 이것이 내가
너를 보낸 증거니라
13 ○ 모세가 하나님께 아뢰되 내가 이
스라엘 자손에게 가서 이르기를 너희
의 조상의 하나님이 나를 너희에게
보내셨다 하면 그들이 내게 묻기를
그의 이름이 무엇이냐 하리니 내가
무엇이라고 그들에게 말하리이까
14 하나님이 모세에게 이르시되 나는 스
스로 있는 자이니라 또 이르시되 너

9】

10】

11】

12】

13】

14】

는 이스라엘 자손에게 이같이 이르기
를 스스로 있는 자가 나를 너희에게
보내셨다 하라
15 ○ 하나님이 또 모세에게 이르시되 너
는 이스라엘 자손에게 이같이 이르기
를 너희 조상의 하나님 여호와 곧 아
브라함의 하나님, 이삭의 하나님, 야
곱의 하나님께서 나를 너희에게 보내
셨다 하라 이는 나의 영원한 이름이
요 대대로 기억할 나의 칭호니라
16 너는 가서 이스라엘의 장로들을 모
으고 그들에게 이르기를 여호와 너희
조상의 하나님 곧 아브라함과 이삭과
야곱의 하나님이 내게 나타나 이르시
되 내가 너희를 돌보아 너희가 애굽
에서 당한 일을 확실히 보았노라
17 내가 말하였거니와 내가 너희를 애굽
의 고난 중에서 인도하여 내어 젖과
꿀이 흐르는 땅 곧 가나안 족속, 헷
족속, 아모리 족속, 브리스 족속, 히
위 족속, 여부스 족속의 땅으로 올라
가게 하리라 하셨다 하면
18 그들이 네 말을 들으리니 너는 그들
의 장로들과 함께 애굽 왕에게 이르
기를 히브리 사람의 하나님 여호와께
서 우리에게 임하셨은즉 우리가 우리
하나님 여호와께 제사를 드리려 하오

15】

16】

17】

18】

니 사흘길쯤 광야로 가도록 허락하소
서 하라
19 내가 아노니 강한 손으로 치기 전에
는 애굽 왕이 너희가 가도록 허락하
지 아니하다가
20 내가 내 손을 들어 애굽 중에 여러 가
지 이적으로 그 나라를 친 후에야 그
가 너희를 보내리라
21 내가 애굽 사람으로 이 백성에게 은
혜를 입히게 할지라 너희가 나갈 때
에 빈손으로 가지 아니하리니
22 여인들은 모두 그 이웃 사람과 및 자
기 집에 거류하는 여인에게 은 패물
과 금 패물과 의복을 구하여 너희의
자녀를 꾸미라 너희는 애굽 사람들의
물품을 취하리라

19】

20】

21】

22】

여호와께서 모세에게 능력을 주시다

4
1 모세가 대답하여 이르되 그러나
그들이 나를 믿지 아니하며 내 말을
듣지 아니하고 이르기를 여호와께서
네게 나타나지 아니하셨다 하리이다
2 여호와께서 그에게 이르시되 네 손에
있는 것이 무엇이냐 그가 이르되 지
팡이니이다
3 여호와께서 이르시되 그것을 땅에 던
지라 하시매 곧 땅에 던지니 그것이 뱀

1】

2】

3】

이 된지라 모세가 뱀 앞에서 피하매
4 여호와께서 모세에게 이르시되 네 손
을 내밀어 그 꼬리를 잡으라 그가 손
을 내밀어 그것을 잡으니 그의 손에
서 지팡이가 된지라
5 이는 그들에게 그들의 조상의 하나님
곧 아브라함의 하나님, 이삭의 하나
님, 야곱의 하나님 여호와가 네게 나
타난 줄을 믿게 하려 함이라 하시고
6 여호와께서 또 그에게 이르시되 네 손
을 품에 넣으라 하시매 그가 손을 품
에 넣었다가 내어보니 그의 손에 나
병이 생겨 눈 같이 된지라
7 이르시되 네 손을 다시 품에 넣으라
하시매 그가 다시 손을 품에 넣었다
가 내어보니 그의 손이 본래의 살로
되돌아왔더라
8 여호와께서 이르시되 만일 그들이 너
를 믿지 아니하며 그 처음 표적의 표
징을 받지 아니하여도 나중 표적의
표징은 믿으리라
9 그들이 이 두 이적을 믿지 아니하며
네 말을 듣지 아니하거든 너는 나일 강
물을 조금 떠다가 땅에 부으라 네가 떠
온 나일 강 물이 땅에서 피가 되리라
10 ○ 모세가 여호와께 아뢰되 오 주여
나는 본래 말을 잘 하지 못하는 자니

4】

5】

6】

7】

8】

9】

10】

이다 주께서 주의 종에게 명령하신
후에도 역시 그러하니 나는 입이 뻣
뻣하고 혀가 둔한 자니이다
11 여호와께서 그에게 이르시되 누가 사
람의 입을 지었느냐 누가 말 못 하는
자나 못 듣는 자나 눈 밝은 자나 맹인
이 되게 하였느냐 나 여호와가 아니냐
12 이제 가라 내가 네 입과 함께 있어서
할 말을 가르치리라
13 모세가 이르되 오 주여 보낼 만한 자
를 보내소서
14 여호와께서 모세를 향하여 노하여 이
르시되 레위 사람 네 형 아론이 있지
아니하냐 그가 말 잘 하는 것을 내가
아노라 그가 너를 만나러 나오나니
그가 너를 볼 때에 그의 마음에 기쁨
이 있을 것이라
15 너는 그에게 말하고 그의 입에 할 말을
주라 내가 네 입과 그의 입에 함께 있
어서 너희들이 행할 일을 가르치리라
16 그가 너를 대신하여 백성에게 말할
것이니 그는 네 입을 대신할 것이요
너는 그에게 하나님 같이 되리라
17 너는 이 지팡이를 손에 잡고 이것으
로 이적을 행할지니라

모세가 애굽으로 돌아가다

18 ○ 모세가 그의 장인 이드로에게로

11】

12】

13】

14】

15】

16】

17】

18】

돌아가서 그에게 이르되 내가 애굽에
있는 내 형제들에게로 돌아가서 그들
이 아직 살아 있는지 알아보려 하오
니 나로 가게 하소서 이드로가 모세
에게 평안히 가라 하니라
19 여호와께서 미디안에서 모세에게 이
르시되 애굽으로 돌아가라 네 목숨을
노리던 자가 다 죽었느니라
20 모세가 그의 아내와 아들들을 나귀에
태우고 애굽으로 돌아가는데 모세가
하나님의 지팡이를 손에 잡았더라
21 여호와께서 모세에게 이르시되 네가
애굽으로 돌아가거든 내가 네 손에 준
이적을 바로 앞에서 다 행하라 그러나
내가 그의 마음을 완악하게 한즉 그가
백성을 보내 주지 아니하리니
22 너는 바로에게 이르기를 여호와의 말
씀에 이스라엘은 내 아들 내 장자라
23 내가 네게 이르기를 내 아들을 보내 주
어 나를 섬기게 하라 하여도 네가 보내
주기를 거절하니 내가 네 아들 네 장자
를 죽이리라 하셨다 하라 하시니라
24 모세가 길을 가다가 숙소에 있을 때
에 여호와께서 그를 만나사 그를 죽
이려 하신지라
25 십보라가 돌칼을 가져다가 그의 아들
의 포피를 베어 그의 발에 갖다 대며

19】
20】
21】
22】
23】
24】
25】

이르되 당신은 참으로 내게 피 남편
이로다 하니
26 여호와께서 그를 놓아 주시니라 그
때에 십보라가 피 남편이라 함은 할
례 때문이었더라
27 ○ 여호와께서 아론에게 이르시되 광
야에 가서 모세를 맞으라 하시매 그
가 가서 하나님의 산에서 모세를 만
나 그에게 입맞추니
28 모세가 여호와께서 자기에게 분부하
여 보내신 모든 말씀과 여호와께서
자기에게 명령하신 모든 이적을 아론
에게 알리니라
29 모세와 아론이 가서 이스라엘 자손의
모든 장로를 모으고
30 아론이 여호와께서 모세에게 이르신
모든 말씀을 전하고 그 백성 앞에서
이적을 행하니
31 백성이 믿으며 여호와께서 이스라엘 자
손을 찾으시고 그들의 고난을 살피셨
다 함을 듣고 머리 숙여 경배하였더라

26】
27】
28】
29】
30】
31】

모세와 아론이 바로 앞에 서다

5
1 그 후에 모세와 아론이 바로에게
가서 이르되 이스라엘의 하나님 여
호와께서 이렇게 말씀하시기를 내 백
성을 보내라 그러면 그들이 광야에서

1】

내 앞에 절기를 지킬 것이니라 하셨
나이다
2 바로가 이르되 여호와가 누구이기에
내가 그의 목소리를 듣고 이스라엘을
보내겠느냐 나는 여호와를 알지 못하
니 이스라엘을 보내지 아니하리라
3 그들이 이르되 히브리인의 하나님이
우리에게 나타나셨은즉 우리가 광야
로 사흘길쯤 가서 우리 하나님 여호
와께 제사를 드리려 하오니 가도록
허락하소서 여호와께서 전염병이나
칼로 우리를 치실까 두려워하나이다
4 애굽 왕이 그들에게 이르되 모세와
아론아 너희가 어찌하여 백성의 노역
을 쉬게 하려느냐 가서 너희의 노역
이나 하라
5 바로가 또 이르되 이제 이 땅의 백성
이 많아졌거늘 너희가 그들로 노역을
쉬게 하는도다 하고
6 바로가 그 날에 백성의 감독들과 기
록원들에게 명령하여 이르되
7 너희는 백성에게 다시는 벽돌에 쓸 짚
을 전과 같이 주지 말고 그들이 가서
스스로 짚을 줍게 하라
8 또 그들이 전에 만든 벽돌 수효대로
그들에게 만들게 하고 감하지 말라
그들이 게으르므로 소리 질러 이르기

2】

3】

4】

5】

6】

7】

8】

를 우리가 가서 우리 하나님께 제사
를 드리자 하나니
9 그 사람들의 노동을 무겁게 함으로
수고롭게 하여 그들로 거짓말을 듣지
않게 하라
10 ○ 백성의 감독들과 기록원들이 나
가서 백성에게 말하여 이르되 바로가
이렇게 말하기를 내가 너희에게 짚을
주지 아니하리니
11 너희는 짚을 찾을 곳으로 가서 주우
라 그러나 너희 일은 조금도 감하지
아니하리라 하셨느니라
12 백성이 애굽 온 땅에 흩어져 곡초 그
루터기를 거두어다가 짚을 대신하니
13 감독들이 그들을 독촉하여 이르되 너
희는 짚이 있을 때와 같이 그 날의 일
을 그 날에 마치라 하며
14 바로의 감독들이 자기들이 세운 바
이스라엘 자손의 기록원들을 때리며
이르되 너희가 어찌하여 어제와 오늘
에 만드는 벽돌의 수효를 전과 같이
채우지 아니하였느냐 하니라
15 ○ 이스라엘 자손의 기록원들이 가서
바로에게 호소하여 이르되 왕은 어찌
하여 당신의 종들에게 이같이 하시나
이까
16 당신의 종들에게 짚을 주지 아니하고

9】
10】
11】
12】
13】
14】
15】
16】

그들이 우리에게 벽돌을 만들라 하나
이다 당신의 종들이 매를 맞사오니
이는 당신의 백성의 죄니이다
17 바로가 이르되 너희가 게으르다 게으
르다 그러므로 너희가 이르기를 우리
가 가서 여호와께 제사를 드리자 하
는도다
18 이제 가서 일하라 짚은 너희에게 주
지 않을지라도 벽돌은 너희가 수량대
로 바칠지니라
19 기록하는 일을 맡은 이스라엘 자손들
이 너희가 매일 만드는 벽돌을 조금
도 감하지 못하리라 함을 듣고 화가
몸에 미친 줄 알고
20 그들이 바로를 떠나 나올 때에 모세
와 아론이 길에 서 있는 것을 보고
21 그들에게 이르되 너희가 우리를 바로
의 눈과 그의 신하의 눈에 미운 것이
되게 하고 그들의 손에 칼을 주어 우
리를 죽이게 하는도다 여호와는 너희
를 살피시고 판단하시기를 원하노라

모세가 여호와께 아뢰다

22 ○ 모세가 여호와께 돌아와서 아뢰되
주여 어찌하여 이 백성이 학대를 당
하게 하셨나이까 어찌하여 나를 보내
셨나이까
23 내가 바로에게 들어가서 주의 이름으

17】

18】

19】

20】

21】

22】

23】

로 말한 후로부터 그가 이 백성을 더
학대하며 주께서도 주의 백성을 구원
하지 아니하시나이다

6

1 여호와께서 모세에게 이르시되 이
제 내가 바로에게 하는 일을 네가
보리라 강한 손으로 말미암아 바로가
그들을 보내리라 강한 손으로 말미암
아 바로가 그들을 그의 땅에서 쫓아
내리라

하나님이 모세를 부르시다

2 ○ 하나님이 모세에게 말씀하여 이르
시되 나는 여호와이니라
3 내가 아브라함과 이삭과 야곱에게 전
능의 하나님으로 나타났으나 나의 이
름을 여호와로는 그들에게 알리지 아
니하였고
4 가나안 땅 곧 그들이 거류하는 땅을 그
들에게 주기로 그들과 언약하였더니
5 이제 애굽 사람이 종으로 삼은 이스
라엘 자손의 신음 소리를 내가 듣고
나의 언약을 기억하노라
6 그러므로 이스라엘 자손에게 말하기
를 나는 여호와라 내가 애굽 사람의
무거운 짐 밑에서 너희를 빼내며 그
들의 노역에서 너희를 건지며 편 팔과
여러 큰 심판들로써 너희를 속량하여

7 너희를 내 백성으로 삼고 나는 너희의
하나님이 되리니 나는 애굽 사람의 무
거운 짐 밑에서 너희를 빼낸 너희의
하나님 여호와인 줄 너희가 알지라
8 내가 아브라함과 이삭과 야곱에게
주기로 맹세한 땅으로 너희를 인도
하고 그 땅을 너희에게 주어 기업을
삼게 하리라 나는 여호와라 하셨다
하라
9 모세가 이와 같이 이스라엘 자손에게
전하나 그들이 마음의 상함과 가혹한
노역으로 말미암아 모세의 말을 듣지
아니하였더라
10 ○ 여호와께서 모세에게 말씀하여 이
르시되
11 들어가서 애굽 왕 바로에게 말하여
이스라엘 자손을 그 땅에서 내보내게
하라
12 모세가 여호와 앞에 아뢰어 이르되
이스라엘 자손도 내 말을 듣지 아니
하였거든 바로가 어찌 들으리이까 나
는 입이 둔한 자니이다
13 ○ 여호와께서 모세와 아론에게 말
씀하사 그들로 이스라엘 자손과 애굽
왕 바로에게 명령을 전하고 이스라
엘 자손을 애굽 땅에서 인도하여 내
게 하시니라

7】

8】

9】

10】

11】

12】

13】

모세와 아론의 조상

14 ○ 그들의 조상을 따라 집의 어른은
이러하니라 이스라엘의 장자 르우벤
의 아들은 하녹과 발루와 헤스론과
갈미니 이들은 르우벤의 족장이요
15 시므온의 아들들은 여무엘과 야민과
오핫과 야긴과 소할과 가나안 여인의
아들 사울이니 이들은 시므온의 가족
이요
16 레위의 아들들의 이름은 그들의 족보대
로 이러하니 게르손과 고핫과 므라리
요 레위의 나이는 백삼십칠 세였으며
17 게르손의 아들들은 그들의 가족대로
립니와 시므이요
18 고핫의 아들들은 아므람과 이스할과
헤브론과 웃시엘이요 고핫의 나이는
백삼십삼 세였으며
19 므라리의 아들들은 마흘리와 무시니
이들은 그들의 족보대로 레위의 족장
이요
20 아므람은 그들의 아버지의 누이 요게
벳을 아내로 맞이하였고 그는 아론과
모세를 낳았으며 아므람의 나이는 백
삼십칠 세였으며
21 이스할의 아들들은 고라와 네벡과 시
그리요
22 웃시엘의 아들들은 미사엘과 엘사반

14】
15】
16】
17】
18】
19】
20】
21】
22】

과 시드리요

23 아론은 암미나답의 딸 나손의 누이
엘리세바를 아내로 맞이하였고 그는
나답과 아비후와 엘르아살과 이다말
을 낳았으며

24 고라의 아들들은 앗실과 엘가나와 아
비아삽이니 이들은 고라 사람의 족장
이요

25 아론의 아들 엘르아살은 부디엘의 딸
중에서 아내를 맞이하였고 그는 비느
하스를 낳았으니 이들은 레위 사람의
조상을 따라 가족의 어른들이라

26 이스라엘 자손을 그들의 군대대로 애
굽 땅에서 인도하라 하신 여호와의
명령을 받은 자는 이 아론과 모세요

27 애굽 왕 바로에게 이스라엘 자손을
애굽에서 내보내라 말한 사람도 이
모세와 아론이었더라

여호와께서 모세와 아론에게 명령하시다

28 ○ 여호와께서 애굽 땅에서 모세에게
말씀하시던 날에

29 여호와께서 모세에게 말씀하여 이르시
되 나는 여호와라 내가 네게 이르는 바
를 너는 애굽 왕 바로에게 다 말하라

30 모세가 여호와 앞에서 아뢰되 나는
입이 둔한 자이오니 바로가 어찌 나
의 말을 들으리이까

23】

24】

25】

26】

27】

28】

29】

30】

7
1 여호와께서 모세에게 이르시되 볼
지어다 내가 너를 바로에게 신 같
이 되게 하였은즉 네 형 아론은 네 대
언자가 되리니
2 내가 네게 명령한 바를 너는 네 형 아
론에게 말하고 그는 바로에게 말하여
그에게 이스라엘 자손을 그 땅에서
내보내게 할지니라
3 내가 바로의 마음을 완악하게 하고
내 표징과 내 이적을 애굽 땅에서 많
이 행할 것이나
4 바로가 너희의 말을 듣지 아니할 터
인즉 내가 내 손을 애굽에 뻗쳐 여러
큰 심판을 내리고 내 군대, 내 백성
이스라엘 자손을 그 땅에서 인도하여
낼지라
5 내가 내 손을 애굽 위에 펴서 이스라
엘 자손을 그 땅에서 인도하여 낼 때
에야 애굽 사람이 나를 여호와인 줄
알리라 하시매
6 모세와 아론이 여호와께서 자기들에
게 명령하신 대로 행하였더라
7 그들이 바로에게 말할 때에 모세는 팔
십 세였고 아론은 팔십삼 세였더라

뱀이 된 아론의 지팡이

8 ○ 여호와께서 모세와 아론에게 말씀
하여 이르시되

1】
2】
3】
4】
5】
6】
7】
8】

9 바로가 너희에게 이르기를 너희는 이
적을 보이라 하거든 너는 아론에게 말
하기를 너의 지팡이를 들어서 바로 앞
에 던지라 하라 그것이 뱀이 되리라
10 모세와 아론이 바로에게 가서 여호
와께서 명령하신 대로 행하여 아론이
바로와 그의 신하 앞에 지팡이를 던
지니 뱀이 된지라
11 바로도 현인들과 마술사들을 부르매
그 애굽 요술사들도 그들의 요술로
그와 같이 행하되
12 각 사람이 지팡이를 던지매 뱀이 되
었으나 아론의 지팡이가 그들의 지팡
이를 삼키니라
13 그러나 바로의 마음이 완악하여 그들
의 말을 듣지 아니하니 여호와의 말
씀과 같더라

첫째 재앙 : 물이 피가 되다

14 ○ 여호와께서 모세에게 이르시되 바
로의 마음이 완강하여 백성 보내기를
거절하는도다
15 아침에 너는 바로에게로 가라 보라
그가 물 있는 곳으로 나오리니 너는
나일 강 가에 서서 그를 맞으며 그 뱀
되었던 지팡이를 손에 잡고
16 그에게 이르기를 히브리 사람의 하
나님 여호와께서 나를 왕에게 보내

9】

10】

11】

12】

13】

14】

15】

16】

어 이르시되 내 백성을 보내라 그러
면 그들이 광야에서 나를 섬길 것이
니라 하였으나 이제까지 네가 듣지
아니하도다
17 여호와가 이같이 이르노니 네가 이로
말미암아 나를 여호와인 줄 알리라
볼지어다 내가 내 손의 지팡이로 나
일 강을 치면 그것이 피로 변하고
18 나일 강의 고기가 죽고 그 물에서는
악취가 나리니 애굽 사람들이 그 강
물 마시기를 싫어하리라 하라
19 여호와께서 또 모세에게 이르시되 아
론에게 명령하기를 네 지팡이를 잡고
네 팔을 애굽의 물들과 강들과 운하
와 못과 모든 호수 위에 내밀라 하라
그것들이 피가 되리니 애굽 온 땅과
나무 그릇과 돌 그릇 안에 모두 피가
있으리라
20 ○ 모세와 아론이 여호와께서 명령
하신 대로 행하여 바로와 그의 신하의
목전에서 지팡이를 들어 나일 강을 치
니 그 물이 다 피로 변하고
21 나일 강의 고기가 죽고 그 물에서는
악취가 나니 애굽 사람들이 나일 강
물을 마시지 못하며 애굽 온 땅에는
피가 있으나
22 애굽 요술사들도 자기들의 요술로 그

와 같이 행하므로 바로의 마음이 완
악하여 그들의 말을 듣지 아니하니
여호와의 말씀과 같더라
23 바로가 돌이켜 궁으로 들어가고 그
일에 관심을 가지지도 아니하였고
24 애굽 사람들은 나일 강 물을 마실 수
없으므로 나일 강 가를 두루 파서 마
실 물을 구하였더라
25 여호와께서 나일 강을 치신 후 이레
가 지나니라

23】

24】

25】

둘째 재앙 : 개구리가 올라 오다

8 1 여호와께서 모세에게 이르시되 너
는 바로에게 가서 그에게 이르기를
여호와의 말씀에 내 백성을 보내라
그들이 나를 섬길 것이니라
2 네가 만일 보내기를 거절하면 내가
개구리로 너의 온 땅을 치리라
3 개구리가 나일 강에서 무수히 생기고
올라와서 네 궁과 네 침실과 네 침상 위
와 네 신하의 집과 네 백성과 네 화덕과
네 떡 반죽 그릇에 들어갈 것이며
4 개구리가 너와 네 백성과 네 모든 신
하에게 기어오르리라 하셨다 하라
5 여호와께서 모세에게 이르시되 아론
에게 명령하기를 네 지팡이를 잡고
네 팔을 강들과 운하들과 못 위에 펴

1】

2】

3】

4】

5】

서 개구리들이 애굽 땅에 올라오게
하라 할지니라
6 아론이 애굽 물들 위에 그의 손을 내
밀매 개구리가 올라와서 애굽 땅에
덮이니
7 요술사들도 자기 요술대로 그와 같이
행하여 개구리가 애굽 땅에 올라오게
하였더라
8 ○ 바로가 모세와 아론을 불러 이르되
여호와께 구하여 나와 내 백성에게서
개구리를 떠나게 하라 내가 이 백성
을 보내리니 그들이 여호와께 제사를
드릴 것이니라
9 모세가 바로에게 이르되 내가 왕과 왕
의 신하와 왕의 백성을 위하여 이 개
구리를 왕과 왕궁에서 끊어 나일 강
에만 있도록 언제 간구하는 것이 좋
을는지 내게 분부하소서
10 그가 이르되 내일이니라 모세가 이르
되 왕의 말씀대로 하여 왕에게 우리
하나님 여호와와 같은 이가 없는 줄
을 알게 하리니
11 개구리가 왕과 왕궁과 왕의 신하와
왕의 백성을 떠나서 나일 강에만 있
으리이다 하고
12 모세와 아론이 바로를 떠나 나가서
바로에게 내리신 개구리에 대하여 모

6】
7】
8】
9】
10】
11】
12】

세가 여호와께 간구하매
13 여호와께서 모세의 말대로 하시니 개
구리가 집과 마당과 밭에서부터 나와
서 죽은지라
14 사람들이 모아 무더기로 쌓으니 땅에
서 악취가 나더라
15 그러나 바로가 숨을 쉴 수 있게 됨을
보았을 때에 그의 마음을 완강하게
하여 그들의 말을 듣지 아니하였으니
여호와께서 말씀하신 것과 같더라

셋째 재앙 : 티끌이 이가 되다

16 ○ 여호와께서 모세에게 이르시되 아
론에게 명령하기를 네 지팡이를 들어
땅의 티끌을 치라 하라 그것이 애굽
온 땅에서 이가 되리라
17 그들이 그대로 행할새 아론이 지팡이
를 잡고 손을 들어 땅의 티끌을 치매
애굽 온 땅의 티끌이 다 이가 되어 사
람과 가축에게 오르니
18 요술사들도 자기 요술로 그같이 행
하여 이를 생기게 하려 하였으나 못
하였고 이가 사람과 가축에게 생긴
지라
19 요술사가 바로에게 말하되 이는 하
나님의 권능이니이다 하였으나 바로
의 마음이 완악하게 되어 그들의 말
을 듣지 아니하였으니 여호와의 말씀

13】

14】

15】

16】

17】

18】

19】

과 같더라

넷째 재앙 : 파리가 가득하다

20 ○ 여호와께서 모세에게 이르시되 아
침에 일찍이 일어나 바로 앞에 서라 그
가 물 있는 곳으로 나오리니 그에게 이
르기를 여호와께서 이와 같이 말씀하
시기를 내 백성을 보내라 그러면 그들
이 나를 섬길 것이니라
21 네가 만일 내 백성을 보내지 아니하
면 내가 너와 네 신하와 네 백성과 네
집들에 파리 떼를 보내리니 애굽 사
람의 집집에 파리 떼가 가득할 것이
며 그들이 사는 땅에도 그러하리라
22 그 날에 나는 내 백성이 거주하는 고
센 땅을 구별하여 그 곳에는 파리가
없게 하리니 이로 말미암아 이 땅에
서 내가 여호와인 줄을 네가 알게 될
것이라
23 내가 내 백성과 네 백성 사이를 구별
하리니 내일 이 표징이 있으리라 하
셨다 하라 하시고
24 여호와께서 그와 같이 하시니 무수한
파리가 바로의 궁과 그의 신하의 집
과 애굽 온 땅에 이르니 파리로 말미
암아 그 땅이 황폐하였더라
25 ○ 바로가 모세와 아론을 불러 이르
되 너희는 가서 이 땅에서 너희 하나

20】

21】

22】

23】

24】

25】

님께 제사를 드리라
26 모세가 이르되 그리함은 부당하니이
다 우리가 우리 하나님 여호와께 제
사를 드리는 것은 애굽 사람이 싫어
하는 바인즉 우리가 만일 애굽 사람
의 목전에서 제사를 드리면 그들이
그것을 미워하여 우리를 돌로 치지
아니하리이까
27 우리가 사흘길쯤 광야로 들어가서 우
리 하나님 여호와께 제사를 드리되
우리에게 명령하시는 대로 하려 하나
이다
28 바로가 이르되 내가 너희를 보내리니
너희가 너희의 하나님 여호와께 광야
에서 제사를 드릴 것이나 너무 멀리
가지는 말라 그런즉 너희는 나를 위
하여 간구하라
29 모세가 이르되 내가 왕을 떠나가서
여호와께 간구하리니 내일이면 파리
떼가 바로와 바로의 신하와 바로의
백성을 떠나려니와 바로는 이 백성을
보내어 여호와께 제사를 드리는 일에
다시 거짓을 행하지 마소서 하고
30 모세가 바로를 떠나 나와서 여호와께
간구하니
31 여호와께서 모세의 말대로 하시니 그
파리 떼가 바로와 그의 신하와 그의

26】

27】

28】

29】

30】

31】

백성에게서 떠나니 하나도 남지 아니
하였더라
32 그러나 바로가 이 때에도 그의 마음
을 완강하게 하여 그 백성을 보내지
아니하였더라

32】

다섯째 재앙 : 가축의 죽음

9 1 여호와께서 모세에게 이르시되 바
로에게 들어가서 그에게 이르라 히
브리 사람의 하나님 여호와께서 말
씀하시기를 내 백성을 보내라 그들이
나를 섬길 것이니라
2 네가 만일 보내기를 거절하고 억지로
잡아두면
3 여호와의 손이 들에 있는 네 가축 곧
말과 나귀와 낙타와 소와 양에게 더
하리니 심한 돌림병이 있을 것이며
4 여호와가 이스라엘의 가축과 애굽의
가축을 구별하리니 이스라엘 자손에
게 속한 것은 하나도 죽지 아니하리
라 하셨다 하라 하시고
5 여호와께서 기한을 정하여 이르시되
여호와가 내일 이 땅에서 이 일을 행
하리라 하시더니
6 이튿날에 여호와께서 이 일을 행하시
니 애굽의 모든 가축은 죽었으나 이
스라엘 자손의 가축은 하나도 죽지

1】
2】
3】
4】
5】
6】

아니한지라

7 바로가 사람을 보내어 본즉 이스라엘
의 가축은 하나도 죽지 아니하였더라
그러나 바로의 마음이 완강하여 백성
을 보내지 아니하니라

여섯째 재앙 : 악성 종기가 생기다

8 ○ 여호와께서 모세와 아론에게 이르
시되 너희는 화덕의 재 두 움큼을 가
지고 모세가 바로의 목전에서 하늘을
향하여 날리라
9 그 재가 애굽 온 땅의 티끌이 되어 애
굽 온 땅의 사람과 짐승에게 붙어서
악성 종기가 생기리라
10 그들이 화덕의 재를 가지고 바로 앞
에 서서 모세가 하늘을 향하여 날리
니 사람과 짐승에게 붙어 악성 종기
가 생기고
11 요술사들도 악성 종기로 말미암아 모
세 앞에 서지 못하니 악성 종기가 요
술사들로부터 애굽 모든 사람에게 생
겼음이라
12 그러나 여호와께서 바로의 마음을 완
악하게 하셨으므로 그들의 말을 듣지
아니하였으니 여호와께서 모세에게
말씀하심과 같더라

일곱째 재앙 : 우박이 내리다

13 ○ 여호와께서 모세에게 이르시되 아

7】

8】

9】

10】

11】

12】

13】

침에 일찍이 일어나 바로 앞에 서서
그에게 이르기를 히브리 사람의 하나
님 여호와의 말씀에 내 백성을 보내
라 그들이 나를 섬길 것이니라
14 내가 이번에는 모든 재앙을 너와 네
신하와 네 백성에게 내려 온 천하에
나와 같은 자가 없음을 네가 알게 하
리라
15 내가 손을 펴서 돌림병으로 너와 네
백성을 쳤더라면 네가 세상에서 끊어
졌을 것이나
16 내가 너를 세웠음은 나의 능력을 네
게 보이고 내 이름이 온 천하에 전파
되게 하려 하였음이니라
17 네가 여전히 내 백성 앞에 교만하여
그들을 보내지 아니하느냐
18 내일 이맘때면 내가 무거운 우박을 내
리리니 애굽 나라가 세워진 그 날로부
터 지금까지 그와 같은 일이 없었더라
19 이제 사람을 보내어 네 가축과 네 들에
있는 것을 다 모으라 사람이나 짐승이
나 무릇 들에 있어서 집에 돌아오지 않
는 것들에게는 우박이 그 위에 내리리
니 그것들이 죽으리라 하셨다 하라 하
시니라
20 바로의 신하 중에 여호와의 말씀을
두려워하는 자들은 그 종들과 가축을

14】
15】
16】
17】
18】
19】
20】

집으로 피하여 들였으나
21 여호와의 말씀을 마음에 두지 아니하
는 사람은 그의 종들과 가축을 들에
그대로 두었더라
22 ○ 여호와께서 모세에게 이르시되 너
는 하늘을 향하여 손을 들어 애굽 전
국에 우박이 애굽 땅의 사람과 짐승
과 밭의 모든 채소에 내리게 하라
23 모세가 하늘을 향하여 지팡이를 들매
여호와께서 우렛소리와 우박을 보내
시고 불을 내려 땅에 달리게 하시니
라 여호와께서 우박을 애굽 땅에 내
리시매
24 우박이 내림과 불덩이가 우박에 섞여
내림이 심히 맹렬하니 나라가 생긴 그
때로부터 애굽 온 땅에는 그와 같은 일
이 없었더라
25 우박이 애굽 온 땅에서 사람과 짐승
을 막론하고 밭에 있는 모든 것을 쳤
으며 우박이 또 밭의 모든 채소를 치
고 들의 모든 나무를 꺾었으되
26 이스라엘 자손들이 있는 그 곳 고센
땅에는 우박이 없었더라
27 ○ 바로가 사람을 보내어 모세와 아
론을 불러 그들에게 이르되 이번은
내가 범죄하였노라 여호와는 의로우
시고 나와 나의 백성은 악하도다

21】

22】

23】

24】

25】

26】

27】

28 여호와께 구하여 이 우렛소리와 우박
을 그만 그치게 하라 내가 너희를 보
내리니 너희가 다시는 머물지 아니하
리라
29 모세가 그에게 이르되 내가 성에서
나가서 곧 내 손을 여호와를 향하여
펴리니 그리하면 우렛소리가 그치고
우박이 다시 있지 아니할지라 세상이
여호와께 속한 줄을 왕이 알리이다
30 그러나 왕과 왕의 신하들이 여호와
하나님을 아직도 두려워하지 아니할
줄을 내가 아나이다
31 그 때에 보리는 이삭이 나왔고 삼은
꽃이 피었으므로 삼과 보리가 상하였
으나
32 그러나 밀과 쌀보리는 자라지 아니한
고로 상하지 아니하였더라
33 모세가 바로를 떠나 성에서 나가 여호
와를 향하여 손을 펴매 우렛소리와 우
박이 그치고 비가 땅에 내리지 아니
하니라
34 바로가 비와 우박과 우렛소리가 그친
것을 보고 다시 범죄하여 마음을 완악
하게 하니 그와 그의 신하가 꼭 같더라
35 바로의 마음이 완악하여 이스라엘 자
손을 내보내지 아니하였으니 여호와
께서 모세에게 말씀하심과 같더라

28】

29】

30】

31】

32】

33】

34】

35】

여덟째 재앙 : 메뚜기가 땅을 덮다

10

1 여호와께서 모세에게 이르시되 바
로에게로 들어가라 내가 그의 마음
과 그의 신하들의 마음을 완강하게
함은 나의 표징을 그들 중에 보이기
위함이며
2 네게 내가 애굽에서 행한 일들 곧 내
가 그들 가운데에서 행한 표징을 네
아들과 네 자손의 귀에 전하기 위함이
라 너희는 내가 여호와인 줄을 알리라
3 모세와 아론이 바로에게 들어가서 그
에게 이르되 히브리 사람의 하나님
여호와께서 말씀하시기를 네가 어느
때까지 내 앞에 겸비하지 아니하겠느
냐 내 백성을 보내라 그들이 나를 섬
길 것이라
4 네가 만일 내 백성 보내기를 거절하
면 내일 내가 메뚜기를 네 경내에 들
어가게 하리니
5 메뚜기가 지면을 덮어서 사람이 땅을
볼 수 없을 것이라 메뚜기가 네게 남
은 그것 곧 우박을 면하고 남은 것을
먹으며 너희를 위하여 들에서 자라나
는 모든 나무를 먹을 것이며
6 또 네 집들과 네 모든 신하의 집들과
모든 애굽 사람의 집들에 가득하리니
이는 네 아버지와 네 조상이 이 땅에

1】

2】

3】

4】

5】

6】

있었던 그 날로부터 오늘까지 보지
못하였던 것이리라 하셨다 하고 돌이
켜 바로에게서 나오니
7 바로의 신하들이 그에게 말하되 어느
때까지 이 사람이 우리의 함정이 되
리이까 그 사람들을 보내어 그들의
하나님 여호와를 섬기게 하소서 왕은
아직도 애굽이 망한 줄을 알지 못하
시나이까 하고
8 모세와 아론을 바로에게로 다시 데
려오니 바로가 그들에게 이르되 가서
너희의 하나님 여호와를 섬기라 갈
자는 누구 누구냐
9 모세가 이르되 우리가 여호와 앞에
절기를 지킬 것인즉 우리가 남녀 노
소와 양과 소를 데리고 가겠나이다
10 바로가 그들에게 이르되 내가 너희와
너희의 어린 아이들을 보내면 여호와
가 너희와 함께 함과 같으니라 보라
그것이 너희에게는 나쁜 것이니라
11 그렇게 하지 말고 너희 장정만 가서
여호와를 섬기라 이것이 너희가 구하
는 바니라 이에 그들이 바로 앞에서
쫓겨나니라
12 ○ 여호와께서 모세에게 이르시되 애
굽 땅 위에 네 손을 내밀어 메뚜기를
애굽 땅에 올라오게 하여 우박에 상

7】

8】

9】

10】

11】

12】

하지 아니한 밭의 모든 채소를 먹게
하라
13 모세가 애굽 땅 위에 그 지팡이를 들
매 여호와께서 동풍을 일으켜 온 낮
과 온 밤에 불게 하시니 아침이 되매
동풍이 메뚜기를 불어 들인지라
14 메뚜기가 애굽 온 땅에 이르러 그 사
방에 내리매 그 피해가 심하니 이런
메뚜기는 전에도 없었고 후에도 없을
것이라
15 메뚜기가 온 땅을 덮어 땅이 어둡게
되었으며 메뚜기가 우박에 상하지 아
니한 밭의 채소와 나무 열매를 다 먹
었으므로 애굽 온 땅에서 나무나 밭
의 채소나 푸른 것은 남지 아니하였
더라
16 바로가 모세와 아론을 급히 불러 이
르되 내가 너희의 하나님 여호와와
너희에게 죄를 지었으니
17 바라건대 이번만 나의 죄를 용서하고
너희의 하나님 여호와께 구하여 이
죽음만은 내게서 떠나게 하라
18 그가 바로에게서 나가서 여호와께 구
하매
19 여호와께서 돌이켜 강렬한 서풍을 불
게 하사 메뚜기를 홍해에 몰아넣으시
니 애굽 온 땅에 메뚜기가 하나도 남

13】

14】

15】

16】

17】

18】

19】

지 아니하니라
20 그러나 여호와께서 바로의 마음을 완
악하게 하셨으므로 이스라엘 자손을
보내지 아니하였더라

아홉째 재앙 : 흑암이 땅에 있다

21 ○ 여호와께서 모세에게 이르시되 하
늘을 향하여 네 손을 내밀어 애굽 땅
위에 흑암이 있게 하라 곧 더듬을 만
한 흑암이리라
22 모세가 하늘을 향하여 손을 내밀매
캄캄한 흑암이 삼 일 동안 애굽 온 땅
에 있어서
23 그 동안은 사람들이 서로 볼 수 없으
며 자기 처소에서 일어나는 자가 없
으되 온 이스라엘 자손들이 거주하는
곳에는 빛이 있었더라
24 바로가 모세를 불러서 이르되 너희
는 가서 여호와를 섬기되 너희의 양
과 소는 머물러 두고 너희 어린 것들
은 너희와 함께 갈지니라
25 모세가 이르되 왕이라도 우리 하나님
여호와께 드릴 지사와 번제물을 우리
에게 주어야 하겠고
26 우리의 가축도 우리와 함께 가고 한
마리도 남길 수 없으니 이는 우리가
그 중에서 가져다가 우리 하나님 여호
와를 섬길 것임이며 또 우리가 거기에

20】

21】

22】

23】

24】

25】

26】

이르기까지는 어떤 것으로 여호와를
섬길는지 알지 못함이니이다 하나
27 여호와께서 바로의 마음을 완악하게
하셨으므로 그들 보내기를 기뻐하지
아니하고
28 바로가 모세에게 이르되 너는 나를
떠나가고 스스로 삼가 다시 내 얼굴
을 보지 말라 네가 내 얼굴을 보는 날
에는 죽으리라
29 모세가 이르되 당신이 말씀하신 대로
내가 다시는 당신의 얼굴을 보지 아
니하리이다

27】

28】

29】

처음 난 것의 죽음을 경고하다

11 1 여호와께서 모세에게 이르시기를
내가 이제 한 가지 재앙을 바로와
애굽에 내린 후에야 그가 너희를 여기
서 내보내리라 그가 너희를 내보낼 때
에는 여기서 반드시 다 쫓아내리니
2 백성에게 말하여 사람들에게 각기 이
웃들에게 은금 패물을 구하게 하라
하시더니
3 여호와께서 그 백성으로 애굽 사람의
은혜를 받게 하셨고 또 그 사람 모세
는 애굽 땅에 있는 바로의 신하와 백
성의 눈에 아주 위대하게 보였더라
4 ○ 모세가 바로에게 이르되 여호와

1】

2】

3】

4】

께서 이와 같이 말씀하시기를 밤중에
내가 애굽 가운데로 들어가리니
5 애굽 땅에 있는 모든 처음 난 것은 왕
위에 앉아 있는 바로의 장자로부터
맷돌 뒤에 있는 몸종의 장자와 모든
가축의 처음 난 것까지 죽으리니
6 애굽 온 땅에 전무후무한 큰 부르짖
음이 있으리라
7 그러나 이스라엘 자손에게는 사람에
게나 짐승에게나 개 한 마리도 그 혀
를 움직이지 아니하리니 여호와께서
애굽 사람과 이스라엘 사이를 구별하
는 줄을 너희가 알리라 하셨나니
8 왕의 이 모든 신하가 내게 내려와 내
게 절하며 이르기를 너와 너를 따르는
온 백성은 나가라 한 후에야 내가 나
가리라 하고 심히 노하여 바로에게서
나오니라
9 ○ 여호와께서 모세에게 이르시기를
바로가 너희의 말을 듣지 아니하리라
그러므로 내가 애굽 땅에서 나의 기
적을 더하리라 하셨고
10 모세와 아론이 이 모든 기적을 바로
앞에서 행하였으나 여호와께서 바로
의 마음을 완악하게 하셨으므로 그가
이스라엘 자손을 그 나라에서 보내지
아니하였더라

5】

6】

7】

8】

9】

10】

유월절

12 1 여호와께서 애굽 땅에서 모세와
아론에게 일러 말씀하시되
2 이 달을 너희에게 달의 시작 곧 해의
첫 달이 되게 하고
3 너희는 이스라엘 온 회중에게 말하여
이르라 이 달 열흘에 너희 각자가 어
린 양을 잡을지니 각 가족대로 그 식
구를 위하여 어린 양을 취하되
4 그 어린 양에 대하여 식구가 너무 적
으면 그 집의 이웃과 함께 사람 수를
따라서 하나를 잡고 각 사람이 먹을
수 있는 분량에 따라서 너희 어린 양
을 계산할 것이며
5 너희 어린 양은 흠 없고 일 년 된 수컷
으로 하되 양이나 염소 중에서 취하고
6 이 달 열나흗날까지 간직하였다가 해
질 때에 이스라엘 회중이 그 양을 잡고
7 그 피를 양을 먹을 집 좌우 문설주와
인방에 바르고
8 그 밤에 그 고기를 불에 구워 무교병
과 쓴 나물과 아울러 먹되
9 날것으로나 물에 삶아서 먹지 말고
머리와 다리와 내장을 다 불에 구워
먹고
10 아침까지 남겨두지 말며 아침까지 남
은 것은 곧 불사르라

1】

2】

3】

4】

5】

6】

7】

8】

9】

10】

11 너희는 그것을 이렇게 먹을지니 허리
에 띠를 띠고 발에 신을 신고 손에 지
팡이를 잡고 급히 먹으라 이것이 여
호와의 유월절이니라
12 내가 그 밤에 애굽 땅에 두루 다니며
사람이나 짐승을 막론하고 애굽 땅에
있는 모든 처음 난 것을 다 치고 애굽
의 모든 신을 내가 심판하리라 나는
여호와라
13 내가 애굽 땅을 칠 때에 그 피가 너희
가 사는 집에 있어서 너희를 위하여
표적이 될지라 내가 피를 볼 때에 너
희를 넘어가리니 재앙이 너희에게 내
려 멸하지 아니하리라
14 너희는 이 날을 기념하여 여호와의
절기를 삼아 영원한 규례로 대대로
지킬지니라

무교절

15 ○ 너희는 이레 동안 무교병을 먹을
지니 그 첫날에 누룩을 너희 집에서
제하라 무릇 첫날부터 일곱째 날까지
유교병을 먹는 자는 이스라엘에서 끊
어지리라
16 너희에게 첫날에도 성회요 일곱째 날
에도 성회가 되리니 너희는 이 두 날
에는 아무 일도 하지 말고 각자의 먹
을 것만 갖출 것이니라

11】

12】

13】

14】

15】

16】

17 너희는 무교절을 지키라 이 날에 내
가 너희 군대를 애굽 땅에서 인도하
여 내었음이니라 그러므로 너희가 영
원한 규례로 삼아 대대로 이 날을 지
킬지니라
18 첫째 달 그 달 열나흗날 저녁부터 이
십일일 저녁까지 너희는 무교병을 먹
을 것이요
19 이레 동안은 누룩이 너희 집에서 발
견되지 아니하도록 하라 무릇 유교물
을 먹는 자는 타국인이든지 본국에서
난 자든지를 막론하고 이스라엘 회중
에서 끊어지리니
20 너희는 아무 유교물이든지 먹지 말
고 너희 모든 유하는 곳에서 무교병
을 먹을지니라

첫 유월절

21 ○ 모세가 이스라엘 모든 장로를 불
러서 그들에게 이르되 너희는 나가서
너희의 가족대로 어린 양을 택하여
유월절 양으로 잡고
22 우슬초 묶음을 가져다가 그릇에 담은
피에 적셔서 그 피를 문 인방과 좌우
설주에 뿌리고 아침까지 한 사람도
자기 집 문 밖에 나가지 말라
23 여호와께서 애굽 사람들에게 재앙을
내리려고 지나가실 때에 문 인방과

17】

18】

19】

20】

21】

22】

23】

좌우 문설주의 피를 보시면 여호와께
서 그 문을 넘으시고 멸하는 자에게
너희 집에 들어가서 너희를 치지 못
하게 하실 것임이니라
24 너희는 이 일을 규례로 삼아 너희와
너희 자손이 영원히 지킬 것이니
25 너희는 여호와께서 허락하신 대로 너
희에게 주시는 땅에 이를 때에 이 예
식을 지킬 것이라
26 이 후에 너희의 자녀가 묻기를 이 예
식이 무슨 뜻이냐 하거든
27 너희는 이르기를 이는 여호와의 유월
절 제사라 여호와께서 애굽 사람에게
재앙을 내리실 때에 애굽에 있는 이
스라엘 자손의 집을 넘으사 우리의
집을 구원하셨느니라 하라 하매 백성
이 머리 숙여 경배하니라
28 이스라엘 자손이 물러가서 그대로 행
하되 여호와께서 모세와 아론에게 명
령하신 대로 행하니라

열째 재앙 : 처음 난 것들의 죽음

29 ○ 밤중에 여호와께서 애굽 땅에서 모
든 처음 난 것 곧 왕위에 앉은 바로의
장자로부터 옥에 갇힌 사람의 장자까
지와 가축의 처음 난 것을 다 치시매
30 그 밤에 바로와 그 모든 신하와 모든
애굽 사람이 일어나고 애굽에 큰 부

24】
25】
26】
27】
28】
29】
30】

르짖음이 있었으니 이는 그 나라에
죽임을 당하지 아니한 집이 하나도
없었음이었더라
31 밤에 바로가 모세와 아론을 불러서
이르되 너희와 이스라엘 자손은 일어
나 내 백성 가운데에서 떠나 너희의
말대로 가서 여호와를 섬기며
32 너희가 말한 대로 너희 양과 너희 소
도 몰아가고 나를 위하여 축복하라
하며
33 애굽 사람들은 말하기를 우리가 다 죽
은 자가 되도다 하고 그 백성을 재촉하
여 그 땅에서 속히 내보내려 하므로
34 그 백성이 발교되지 못한 반죽 담은
그릇을 옷에 싸서 어깨에 메니라
35 이스라엘 자손이 모세의 말대로 하
여 애굽 사람에게 은금 패물과 의복
을 구하매
36 여호와께서 애굽 사람들에게 이스라
엘 백성에게 은혜를 입히게 하사 그
들이 구하는 대로 주게 하시므로 그
들이 애굽 사람의 물품을 취하였더라

이스라엘이 애굽 땅에서 나오다

37 ○ 이스라엘 자손이 라암셋을 떠나서
숙곳에 이르니 유아 외에 보행하는
장정이 육십만 가량이요
38 수많은 잡족과 양과 소와 심히 많은

31】

32】

33】

34】

35】

36】

37】

38】

가축이 그들과 함께 하였으며
39 그들이 애굽으로부터 가지고 나온 발
교되지 못한 반죽으로 무교병을 구웠
으니 이는 그들이 애굽에서 쫓겨나므
로 지체할 수 없었음이며 아무 양식
도 준비하지 못하였음이었더라
40 이스라엘 자손이 애굽에 거주한 지
사백삼십 년이라
41 사백삼십 년이 끝나는 그 날에 여호와
의 군대가 다 애굽 땅에서 나왔은즉
42 이 밤은 그들을 애굽 땅에서 인도하여
내심으로 말미암아 여호와 앞에 지킬
것이니 이는 여호와의 밤이라 이스라
엘 자손이 다 대대로 지킬 것이니라

유월절 규례

43 ○ 여호와께서 모세와 아론에게 이르
시되 유월절 규례는 이러하니라 이방
사람은 먹지 못할 것이나
44 각 사람이 돈으로 산 종은 할례를 받
은 후에 먹을 것이며
45 거류인과 타국 품꾼은 먹지 못하리라
46 한 집에서 먹되 그 고기를 조금도 집
밖으로 내지 말고 뼈도 꺾지 말지며
47 이스라엘 회중이 다 이것을 지킬지
니라
48 너희와 함께 거류하는 타국인이 여
호와의 유월절을 지키고자 하거든 그

39】
40】
41】
42】
43】
44】
45】
46】
47】
48】

모든 남자는 할례를 받은 후에야 가
까이 하여 지킬지니 곧 그는 본토인
과 같이 될 것이나 할례 받지 못한 자
는 먹지 못할 것이니라
49 본토인에게나 너희 중에 거류하는 이
방인에게 이 법이 동일하니라 하셨으
므로
50 온 이스라엘 자손이 이와 같이 행하
되 여호와께서 모세와 아론에게 명령
하신 대로 행하였으며
51 바로 그 날에 여호와께서 이스라엘
자손을 그 무리대로 애굽 땅에서 인
도하여 내셨더라

49】

50】

51】

무교절

13 1 여호와께서 모세에게 일러 이르
시되
2 이스라엘 자손 중에서 사람이나 짐승
을 막론하고 태에서 처음 난 모든 것
은 다 거룩히 구별하여 내게 돌리라
이는 내 것이니라 하시니라
3 모세가 백성에게 이르되 너희는 애굽
곧 종 되었던 집에서 나온 그 날을 기
념하여 유교병을 먹지 말라 여호와께
서 그 손의 권능으로 너희를 그 곳에
서 인도해 내셨음이니라
4 아빕월 이 날에 너희가 나왔으니

1】

2】

3】

4】

5 여호와께서 너를 인도하여 가나안 사
람과 헷 사람과 아모리 사람과 히위
사람과 여부스 사람의 땅 곧 네게 주
시려고 네 조상들에게 맹세하신 바
젖과 꿀이 흐르는 땅에 이르게 하시
거든 너는 이 달에 이 예식을 지켜
6 이레 동안 무교병을 먹고 일곱째 날
에는 여호와께 절기를 지키라
7 이레 동안에는 무교병을 먹고 유교병
을 네게 보이지 아니하게 하며 네 땅에
서 누룩을 네게 보이지 아니하게 하라
8 너는 그 날에 네 아들에게 보여 이르
기를 이 예식은 내가 애굽에서 나올
때에 여호와께서 나를 위하여 행하신
일로 말미암음이라 하고
9 이것으로 네 손의 기호와 네 미간의 표
를 삼고 여호와의 율법이 네 입에 있게
하라 이는 여호와께서 강하신 손으로
너를 애굽에서 인도하여 내셨음이니
10 해마다 절기가 되면 이 규례를 지킬
지니라

태에서 처음 난 것

11 ○ 여호와께서 너와 네 조상에게 맹
세하신 대로 너를 가나안 사람의 땅에
인도하시고 그 땅을 네게 주시거든
12 너는 태에서 처음 난 모든 것과 네게
있는 가축의 태에서 처음 난 것을 다

구별하여 여호와께 돌리라 수컷은 여
호와의 것이니라
13 나귀의 첫 새끼는 다 어린 양으로 대
속할 것이요 그렇게 하지 아니하려면
그 목을 꺾을 것이며 네 아들 중 처음
난 모든 자는 대속할지니라
14 후일에 네 아들이 네게 묻기를 이것
이 어찌 됨이냐 하거든 너는 그에게
이르기를 여호와께서 그 손의 권능으
로 우리를 애굽에서 곧 종이 되었던
집에서 인도하여 내실새
15 그 때에 바로가 완악하여 우리를 보
내지 아니하매 여호와께서 애굽 나라
가운데 처음 난 모든 것은 사람의 장
자로부터 가축의 처음 난 것까지 다
죽이셨으므로 태에서 처음 난 모든
수컷들은 내가 여호와께 제사를 드려
서 내 아들 중에 모든 처음 난 자를 다
대속하리니
16 이것이 네 손의 기호와 네 미간의 표
가 되리라 이는 여호와께서 그 손의
권능으로 우리를 애굽에서 인도하여
내셨음이니라 할지니라

구름 기둥과 불 기둥

17 ○ 바로가 백성을 보낸 후에 블레셋 사
람의 땅의 길은 가까울지라도 하나님
이 그들을 그 길로 인도하지 아니하셨

13】

14】

15】

16】

17】

으니 이는 하나님이 말씀하시기를 이
백성이 전쟁을 하게 되면 마음을 돌이
켜 애굽으로 돌아갈까 하셨음이라
18 그러므로 하나님이 홍해의 광야 길로
돌려 백성을 인도하시매 이스라엘 자
손이 애굽 땅에서 대열을 지어 나올
때에
19 모세가 요셉의 유골을 가졌으니 이는
요셉이 이스라엘 자손으로 단단히 맹
세하게 하여 이르기를 하나님이 반드
시 너희를 찾아오시리니 너희는 내
유골을 여기서 가지고 나가라 하였음
이더라
20 그들이 숙곳을 떠나서 광야 끝 에담
에 장막을 치니
21 여호와께서 그들 앞에서 가시며 낮에
는 구름 기둥으로 그들의 길을 인도하
시고 밤에는 불 기둥을 그들에게 비추
사 낮이나 밤이나 진행하게 하시니
22 낮에는 구름 기둥, 밤에는 불 기둥이
백성 앞에서 떠나지 아니하니라

18】

19】

20】

21】

22】

홍해를 건너다

14

1 여호와께서 모세에게 말씀하여
이르시되
2 이스라엘 자손에게 명령하여 돌이켜
바다와 믹돌 사이의 비하히롯 앞 곧

1】

2】

바알스본 맞은편 바닷가에 장막을 치
게 하라
3 바로가 이스라엘 자손에 대하여 말하
기를 그들이 그 땅에서 멀리 떠나 광
야에 갇힌 바 되었다 하리라
4 내가 바로의 마음을 완악하게 한즉 바로
가 그들의 뒤를 따르리니 내가 그와 그
의 온 군대로 말미암아 영광을 얻어 애
굽 사람들이 나를 여호와인 줄 알게 하
리라 하시매 무리가 그대로 행하니라
5 그 백성이 도망한 사실이 애굽 왕에게
알려지매 바로와 그의 신하들이 그 백
성에 대하여 마음이 변하여 이르되 우
리가 어찌 이같이 하여 이스라엘을 우
리를 섬김에서 놓아 보내었는가 하고
6 바로가 곧 그의 병거를 갖추고 그의
백성을 데리고 갈새
7 선발된 병거 육백 대와 애굽의 모든
병거를 동원하니 지휘관들이 다 거느
렸더라
8 여호와께서 애굽 왕 바로의 마음을
완악하게 하셨으므로 그가 이스라엘
자손의 뒤를 따르니 이스라엘 자손이
담대히 나갔음이라
9 애굽 사람들과 바로의 말들, 병거들과
그 마병과 그 군대가 그들의 뒤를 따
라 바알스본 맞은편 비하히롯 곁 해

3】

4】

5】

6】

7】

8】

9】

변 그들이 장막 친 데에 미치니라
10 ○ 바로가 가까이 올 때에 이스라엘 자
손이 눈을 들어 본즉 애굽 사람들이 자
기들 뒤에 이른지라 이스라엘 자손이
심히 두려워하여 여호와께 부르짖고
11 그들이 또 모세에게 이르되 애굽에
매장지가 없어서 당신이 우리를 이끌
어 내어 이 광야에서 죽게 하느냐 어
찌하여 당신이 우리를 애굽에서 이끌
어 내어 우리에게 이같이 하느냐
12 우리가 애굽에서 당신에게 이른 말이
이것이 아니냐 이르기를 우리를 내버
려 두라 우리가 애굽 사람을 섬길 것
이라 하지 아니하더냐 애굽 사람을 섬
기는 것이 광야에서 죽는 것보다 낫겠
노라
13 모세가 백성에게 이르되 너희는 두려
워하지 말고 가만히 서서 여호와께서
오늘 너희를 위하여 행하시는 구원을
보라 너희가 오늘 본 애굽 사람을 영
원히 다시 보지 아니하리라
14 여호와께서 너희를 위하여 싸우시리
니 너희는 가만히 있을지니라
15 ○ 여호와께서 모세에게 이르시되 너
는 어찌하여 내게 부르짖느냐 이스라
엘 자손에게 명령하여 앞으로 나아가
게 하고

10】

11】

12】

13】

14】

15】

16 지팡이를 들고 손을 바다 위로 내밀
어 그것이 갈라지게 하라 이스라엘 자
손이 바다 가운데서 마른 땅으로 행
하리라
17 내가 애굽 사람들의 마음을 완악하게
할 것인즉 그들이 그 뒤를 따라 들어
갈 것이라 내가 바로와 그의 모든 군
대와 그의 병거와 마병으로 말미암아
영광을 얻으리니
18 내가 바로와 그의 병거와 마병으로
말미암아 영광을 얻을 때에야 애굽
사람들이 나를 여호와인 줄 알리라
하시더니
19 이스라엘 진 앞에 가던 하나님의 사
자가 그들의 뒤로 옮겨 가매 구름 기
둥도 앞에서 그 뒤로 옮겨
20 애굽 진과 이스라엘 진 사이에 이르
러 서니 저쪽에는 구름과 흑암이 있
고 이쪽에는 밤이 밝으므로 밤새도록
저쪽이 이쪽에 가까이 못하였더라
21 ○ 모세가 바다 위로 손을 내밀매 여
호와께서 큰 동풍이 밤새도록 바닷물
을 물러가게 하시니 물이 갈라져 바
다가 마른 땅이 된지라
22 이스라엘 자손이 바다 가운데를 육지
로 걸어가고 물은 그들의 좌우에 벽
이 되니

16】

17】

18】

19】

20】

21】

22】

23 애굽 사람들과 바로의 말들, 병거들과
그 마병들이 다 그들의 뒤를 추격하
여 바다 가운데로 들어오는지라
24 새벽에 여호와께서 불과 구름 기둥
가운데서 애굽 군대를 보시고 애굽
군대를 어지럽게 하시며
25 그들의 병거 바퀴를 벗겨서 달리기가
어렵게 하시니 애굽 사람들이 이르되
이스라엘 앞에서 우리가 도망하자 여
호와가 그들을 위하여 싸워 애굽 사
람들을 치는도다
26 ○ 여호와께서 모세에게 이르시되 네
손을 바다 위로 내밀어 물이 애굽 사
람들과 그들의 병거들과 마병들 위에
다시 흐르게 하라 하시니
27 모세가 곧 손을 바다 위로 내밀매 새
벽이 되어 바다의 힘이 회복된지라 애
굽 사람들이 물을 거슬러 도망하나 여
호와께서 애굽 사람들을 바다 가운데
엎으시니
28 물이 다시 흘러 병거들과 기병들을
덮되 그들의 뒤를 따라 바다에 들어
간 바로의 군대를 다 덮으니 하나도
남지 아니하였더라
29 그러나 이스라엘 자손은 바다 가운데
를 육지로 행하였고 물이 좌우에 벽
이 되었더라

23】

24】

25】

26】

27】

28】

29】

30 그 날에 여호와께서 이같이 이스라
엘을 애굽 사람의 손에서 구원하시매
이스라엘이 바닷가에서 애굽 사람들
이 죽어 있는 것을 보았더라
31 이스라엘이 여호와께서 애굽 사람들
에게 행하신 그 큰 능력을 보았으므
로 백성이 여호와를 경외하며 여호와
와 그의 종 모세를 믿었더라

30】

31】

모세의 노래

15 1 이 때에 모세와 이스라엘 자손이
이 노래로 여호와께 노래하니 일
렀으되 내가 여호와를 찬송하리니 그
는 높고 영화로우심이요 말과 그 탄
자를 바다에 던지셨음이로다
2 여호와는 나의 힘이요 노래시며 나의
구원이시로다 그는 나의 하나님이시
니 내가 그를 찬송할 것이요 내 아버
지의 하나님이시니 내가 그를 높이리
로다
3 여호와는 용사시니 여호와는 그의 이
름이시로다
4 그가 바로의 병거와 그의 군대를 바
다에 던지시니 최고의 지휘관들이 홍
해에 잠겼고
5 깊은 물이 그들을 덮으니 그들이 돌
처럼 깊음 속에 가라앉았도다

1】

2】

3】

4】

5】

6 여호와여 주의 오른손이 권능으로 영
광을 나타내시니이다 여호와여 주의
오른손이 원수를 부수시니이다
7 주께서 주의 큰 위엄으로 주를 거스
르는 자를 엎으시니이다 주께서 진노
를 발하시니 그 진노가 그들을 지푸
라기 같이 사르니이다
8 주의 콧김에 물이 쌓이되 파도가 언
덕 같이 일어서고 큰 물이 바다 가운
데 엉기니이다
9 원수가 말하기를 내가 뒤쫓아 따라잡
아 탈취물을 나누리라, 내가 그들로
말미암아 내 욕망을 채우리라, 내가
내 칼을 빼리니 내 손이 그들을 멸하
리라 하였으나
10 주께서 바람을 일으키시매 바다가 그
들을 덮으니 그들이 거센 물에 납 같
이 잠겼나이다
11 여호와여 신 중에 주와 같은 자가 누
구니이까 주와 같이 거룩함으로 영광
스러우며 찬송할 만한 위엄이 있으며
기이한 일을 행하는 자가 누구니이까
12 주께서 오른손을 드신즉 땅이 그들을
삼켰나이다
13 주의 인자하심으로 주께서 구속하신
백성을 인도하시되 주의 힘으로 그들
을 주의 거룩한 처소에 들어가게 하

6】

7】

8】

9】

10】

11】

12】

13】

시나이다
14 여러 나라가 듣고 떨며 블레셋 주민
이 두려움에 잡히며
15 에돔 두령들이 놀라고 모압 영웅이
떨림에 잡히며 가나안 주민이 다 낙
담하나이다
16 놀람과 두려움이 그들에게 임하매 주
의 팔이 크므로 그들이 돌 같이 침묵
하였사오니 여호와여 주의 백성이 통
과하기까지 곧 주께서 사신 백성이
통과하기까지였나이다
17 주께서 백성을 인도하사 그들을 주의
기업의 산에 심으시리이다 여호와여
이는 주의 처소를 삼으시려고 예비하
신 것이라 주여 이것이 주의 손으로
세우신 성소로소이다
18 여호와께서 영원무궁 하도록 다스리
시도다 하였더라

미리암의 노래

19 ○ 바로의 말과 병거와 마병이 함께
바다에 들어가매 여호와께서 바닷물
을 그들 위에 되돌려 흐르게 하셨으
나 이스라엘 자손은 바다 가운데서
마른 땅으로 지나간지라
20 아론의 누이 선지자 미리암이 손에
소고를 잡으매 모든 여인도 그를 따
라 나오며 소고를 잡고 춤추니

14】
15】
16】
17】
18】
19】
20】

21 미리암이 그들에게 화답하여 이르되
너희는 여호와를 찬송하라 그는 높고
영화로우심이요 말과 그 탄 자를 바
다에 던지셨음이로다 하였더라

단 물로 변한 마라의 쓴 물

22 ○ 모세가 홍해에서 이스라엘을 인도
하매 그들이 나와서 수르 광야로 들
어가서 거기서 사흘길을 걸었으나 물
을 얻지 못하고
23 마라에 이르렀더니 그 곳 물이 써서
마시지 못하겠으므로 그 이름을 마라
라 하였더라
24 백성이 모세에게 원망하여 이르되 우
리가 무엇을 마실까 하매
25 모세가 여호와께 부르짖었더니 여호
와께서 그에게 한 나무를 가리키시니
그가 물에 던지니 물이 달게 되었더
라 거기서 여호와께서 그들을 위하여
법도와 율례를 정하시고 그들을 시험
하실새
26 이르시되 너희가 너희 하나님 나 여
호와의 말을 들어 순종하고 내가 보
기에 의를 행하며 내 계명에 귀를 기
울이며 내 모든 규례를 지키면 내가
애굽 사람에게 내린 모든 질병 중 하
나도 너희에게 내리지 아니하리니 나
는 너희를 치료하는 여호와임이라

21】

22】

23】

24】

25】

26】

27 ○ 그들이 엘림에 이르니 거기에 물
샘 열둘과 종려나무 일흔 그루가 있
는지라 거기서 그들이 그 물 곁에 장
막을 치니라

27】

만나와 메추라기

16 1 이스라엘 자손의 온 회중이 엘림
에서 떠나 엘림과 시내 산 사이에
있는 신 광야에 이르니 애굽에서 나
온 후 둘째 달 십오일이라
2 이스라엘 자손 온 회중이 그 광야에
서 모세와 아론을 원망하여
3 이스라엘 자손이 그들에게 이르되 우
리가 애굽 땅에서 고기 가마 곁에 앉아
있던 때와 떡을 배불리 먹던 때에 여호
와의 손에 죽었더라면 좋았을 것을 너
희가 이 광야로 우리를 인도해 내어 이
온 회중이 주려 죽게 하는도다
4 ○ 그 때에 여호와께서 모세에게 이
르시되 보라 내가 너희를 위하여 하늘
에서 양식을 비 같이 내리리니 백성이
나가서 일용할 것을 날마다 거둘 것이
라 이같이 하여 그들이 내 율법을 준
행하나 아니하나 내가 시험하리라
5 여섯째 날에는 그들이 그 거둔 것을
준비할지니 날마다 거두던 것의 갑절
이 되리라

1】

2】

3】

4】

5】

6 모세와 아론이 온 이스라엘 자손에게
이르되 저녁이 되면 너희가 여호와께
서 너희를 애굽 땅에서 인도하여 내
셨음을 알 것이요
7 아침에는 너희가 여호와의 영광을 보
리니 이는 여호와께서 너희가 자기를
향하여 원망함을 들으셨음이라 우리
가 누구이기에 너희가 우리에게 대하
여 원망하느냐
8 모세가 또 이르되 여호와께서 저녁에
는 너희에게 고기를 주어 먹이시고 아
침에는 떡으로 배불리시리니 이는 여
호와께서 자기를 향하여 너희가 원망
하는 그 말을 들으셨음이라 우리가 누
구냐 너희의 원망은 우리를 향하여 함
이 아니요 여호와를 향하여 함이로다
9 모세가 또 아론에게 이르되 이스라엘
자손의 온 회중에게 말하기를 여호와
께 가까이 나아오라 여호와께서 너희
의 원망함을 들으셨느니라 하라
10 아론이 이스라엘 자손의 온 회중에게
말하매 그들이 광야를 바라보니 여호
와의 영광이 구름 속에 나타나더라
11 여호와께서 모세에게 말씀하여 이르
시되
12 내가 이스라엘 자손의 원망함을 들
었노라 그들에게 말하여 이르기를 너

6】

7】

8】

9】

10】

11】

12】

희가 해 질 때에는 고기를 먹고 아침
에는 떡으로 배부르리니 내가 여호와
너희의 하나님인 줄 알리라 하라 하
시니라
13 ○ 저녁에는 메추라기가 와서 진에 덮
이고 아침에는 이슬이 진 주위에 있
더니
14 그 이슬이 마른 후에 광야 지면에 작
고 둥글며 서리 같이 가는 것이 있는
지라
15 이스라엘 자손이 보고 그것이 무엇인
지 알지 못하여 서로 이르되 이것이
무엇이냐 하니 모세가 그들에게 이
르되 이는 여호와께서 너희에게 주어
먹게 하신 양식이라
16 여호와께서 이같이 명령하시기를 너
희 각 사람은 먹을 만큼만 이것을 거
둘지니 곧 너희 사람 수효대로 한 사
람에 한 오멜씩 거두되 각 사람이 그
의 장막에 있는 자들을 위하여 거둘
지니라 하셨느니라
17 이스라엘 자손이 그같이 하였더니 그
거둔 것이 많기도 하고 적기도 하나
18 오멜로 되어 본즉 많이 거둔 자도 남음
이 없고 적게 거둔 자도 부족함이 없이
각 사람은 먹을 만큼만 거두었더라
19 모세가 그들에게 이르기를 아무든지

13】

14】

15】

16】

17】

18】

19】

아침까지 그것을 남겨두지 말라 하였
으나
20 그들이 모세에게 순종하지 아니하고
더러는 아침까지 두었더니 벌레가 생
기고 냄새가 난지라 모세가 그들에게
노하니라
21 ○ 무리가 아침마다 각 사람은 먹을
만큼만 거두었고 햇볕이 뜨겁게 쬐면
그것이 스러졌더라
22 여섯째 날에는 각 사람이 갑절의 식물
곧 하나에 두 오멜씩 거둔지라 회중의
모든 지도자가 와서 모세에게 알리매
23 모세가 그들에게 이르되 여호와께서
이같이 말씀하셨느니라 내일은 휴일
이니 여호와께 거룩한 안식일이라 너
희가 구울 것은 굽고 삶을 것은 삶고
그 나머지는 다 너희를 위하여 아침
까지 간수하라
24 그들이 모세의 명령대로 아침까지 간
수하였으나 냄새도 나지 아니하고 벌
레도 생기지 아니한지라
25 모세가 이르되 오늘은 그것을 먹으라
오늘은 여호와의 안식일인즉 오늘은
너희가 들에서 그것을 얻지 못하리라
26 엿새 동안은 너희가 그것을 거두되
일곱째 날은 안식일인즉 그 날에는
없으리라 하였으나

20】

21】

22】

23】

24】

25】

26】

27 일곱째 날에 백성 중 어떤 사람들이
거두러 나갔다가 얻지 못하니라
28 여호와께서 모세에게 이르시되 어느
때까지 너희가 내 계명과 내 율법을
지키지 아니하려느냐
29 볼지어다 여호와가 너희에게 안식일
을 줌으로 여섯째 날에는 이틀 양식
을 너희에게 주는 것이니 너희는 각
기 처소에 있고 일곱째 날에는 아무
도 그의 처소에서 나오지 말지니라
30 그러므로 백성이 일곱째 날에 안식하
니라
31 ○ 이스라엘 족속이 그 이름을 만나
라 하였으며 깟씨 같이 희고 맛은 꿀
섞은 과자 같았더라
32 모세가 이르되 여호와께서 이같이 명
령하시기를 이것을 오멜에 채워서 너
희의 대대 후손을 위하여 간수하라
이는 내가 너희를 애굽 땅에서 인도
하여 낼 때에 광야에서 너희에게 먹
인 양식을 그들에게 보이기 위함이니
라 하셨다 하고
33 또 모세가 아론에게 이르되 항아리를
가져다가 그 속에 만나 한 오멜을 담
아 여호와 앞에 두어 너희 대대로 간
수하라
34 아론이 여호와께서 모세에게 명령하

27】

28】

29】

30】

31】

32】

33】

34】

신 대로 그것을 증거판 앞에 두어 간
수하게 하였고
35 사람이 사는 땅에 이르기까지 이스라
엘 자손이 사십 년 동안 만나를 먹었
으니 곧 가나안 땅 접경에 이르기까
지 그들이 만나를 먹었더라
36 오멜은 십분의 일 에바이더라

35】

36】

반석에서 물이 나오다(민 20:1-13)

17 1 이스라엘 자손의 온 회중이 여호
와의 명령대로 신 광야에서 떠나
그 노정대로 행하여 르비딤에 장막을
쳤으나 백성이 마실 물이 없는지라
2 백성이 모세와 다투어 이르되 우리에
게 물을 주어 마시게 하라 모세가 그
들에게 이르되 너희가 어찌하여 나와
다투느냐 너희가 어찌하여 여호와를
시험하느냐
3 거기서 백성이 목이 말라 물을 찾으매
그들이 모세에게 대하여 원망하여 이
르되 당신이 어찌하여 우리를 애굽에
서 인도해 내어서 우리와 우리 자녀와
우리 가축이 목말라 죽게 하느냐
4 모세가 여호와께 부르짖어 이르되 내
가 이 백성에게 어떻게 하리이까 그
들이 조금 있으면 내게 돌을 던지겠
나이다

1】

2】

3】

4】

5 여호와께서 모세에게 이르시되 백성
앞을 지나서 이스라엘 장로들을 데리
고 나일 강을 치던 네 지팡이를 손에
잡고 가라
6 내가 호렙 산에 있는 그 반석 위 거
기서 네 앞에 서리니 너는 그 반석을
치라 그것에서 물이 나오리니 백성이
마시리라 모세가 이스라엘 장로들의
목전에서 그대로 행하니라
7 그가 그 곳 이름을 맛사 또는 므리바
라 불렀으니 이는 이스라엘 자손이 다
투었음이요 또는 그들이 여호와를 시
험하여 이르기를 여호와께서 우리 중
에 계신가 안 계신가 하였음이더라

아말렉과 싸우다

8 ○ 그 때에 아말렉이 와서 이스라엘
과 르비딤에서 싸우니라
9 모세가 여호수아에게 이르되 우리를
위하여 사람들을 택하여 나가서 아말
렉과 싸우라 내일 내가 하나님의 지팡
이를 손에 잡고 산 꼭대기에 서리라
10 여호수아가 모세의 말대로 행하여 아
말렉과 싸우고 모세와 아론과 훌은
산 꼭대기에 올라가서
11 모세가 손을 들면 이스라엘이 이기고
손을 내리면 아말렉이 이기더니
12 모세의 팔이 피곤하매 그들이 돌을 가

5】

6】

7】

8】

9】

10】

11】

12】

져다가 모세의 아래에 놓아 그가 그
위에 앉게 하고 아론과 훌이 한 사람
은 이쪽에서, 한 사람은 저쪽에서 모
세의 손을 붙들어 올렸더니 그 손이
해가 지도록 내려오지 아니한지라
13 여호수아가 칼날로 아말렉과 그 백성
을 쳐서 무찌르니라
14 여호와께서 모세에게 이르시되 이것
을 책에 기록하여 기념하게 하고 여
호수아의 귀에 외워 들리라 내가 아
말렉을 없이하여 천하에서 기억도 못
하게 하리라
15 모세가 제단을 쌓고 그 이름을 여호
와 닛시라 하고
16 이르되 여호와께서 맹세하시기를 여
호와가 아말렉과 더불어 대대로 싸우
리라 하셨다 하였더라

13】
14】
15】
16】

이드로가 모세를 방문하다

18 1 모세의 장인이며 미디안 제사장
인 이드로가 하나님이 모세에게와
자기 백성 이스라엘에게 하신 일 곧
여호와께서 이스라엘을 애굽에서 인
도하여 내신 모든 일을 들으니라
2 모세의 장인 이드로가 모세가 돌려
보냈던 그의 아내 십보라와
3 그의 두 아들을 데리고 왔으니 그 하

1】
2】
3】

나의 이름은 게르솜이라 이는 모세가
이르기를 내가 이방에서 나그네가 되
었다 함이요
4 하나의 이름은 엘리에셀이라 이는 내
아버지의 하나님이 나를 도우사 바로
의 칼에서 구원하셨다 함이더라
5 모세의 장인 이드로가 모세의 아들들
과 그의 아내와 더불어 광야에 들어
와 모세에게 이르니 곧 모세가 하나
님의 산에 진 친 곳이라
6 그가 모세에게 말을 전하되 네 장인
나 이드로가 네 아내와 그와 함께 한
그의 두 아들과 더불어 네게 왔노라
7 모세가 나가서 그의 장인을 맞아 절
하고 그에게 입 맞추고 그들이 서로
문안하고 함께 장막에 들어가서
8 모세가 여호와께서 이스라엘을 위하
여 바로와 애굽 사람에게 행하신 모
든 일과 길에서 그들이 당한 모든 고
난과 여호와께서 그들을 구원하신 일
을 다 그 장인에게 말하매
9 이드로가 여호와께서 이스라엘에게
큰 은혜를 베푸사 애굽 사람의 손에
서 구원하심을 기뻐하여
10 이드로가 이르되 여호와를 찬송하리
로다 너희를 애굽 사람의 손에서와
바로의 손에서 건져내시고 백성을 애

4】
5】
6】
7】
8】
9】
10】

굽 사람의 손 아래에서 건지셨도다
11 이제 내가 알았도다 여호와는 모든 신
보다 크시므로 이스라엘에게 교만하
게 행하는 그들을 이기셨도다 하고
12 모세의 장인 이드로가 번제물과 희
생제물들을 하나님께 가져오매 아론
과 이스라엘 모든 장로가 와서 모세
의 장인과 함께 하나님 앞에서 떡을
먹으니라

우두머리를 세워 재판하게 하다(신 1:9-19)

13 ○ 이튿날 모세가 백성을 재판하느라
고 앉아 있고 백성은 아침부터 저녁
까지 모세 곁에 서 있는지라
14 모세의 장인이 모세가 백성에게 행하
는 모든 일을 보고 이르되 네가 이 백
성에게 행하는 이 일이 어찌 됨이냐 어
찌하여 네가 홀로 앉아 있고 백성은 아
침부터 저녁까지 네 곁에 서 있느냐
15 모세가 그의 장인에게 대답하되 백성
이 하나님께 물으려고 내게로 옴이라
16 그들이 일이 있으면 내게로 오나니
내가 그 양쪽을 재판하여 하나님의
율례와 법도를 알게 하나이다
17 모세의 장인이 그에게 이르되 네가
하는 것이 옳지 못하도다
18 너와 또 너와 함께 한 이 백성이 필경
기력이 쇠하리니 이 일이 네게 너무

11】

12】

13】

14】

15】

16】

17】

18】

중함이라 네가 혼자 할 수 없으리라
19 이제 내 말을 들으라 내가 네게 방침
을 가르치리니 하나님이 너와 함께
계실지로다 너는 하나님 앞에서 그
백성을 위하여 그 사건들을 하나님께
가져오며
20 그들에게 율례와 법도를 가르쳐서 마
땅히 갈 길과 할 일을 그들에게 보이고
21 너는 또 온 백성 가운데서 능력 있는
사람들 곧 하나님을 두려워하며 진실
하며 불의한 이익을 미워하는 자를
살펴서 백성 위에 세워 천부장과 백
부장과 오십부장과 십부장을 삼아
22 그들이 때를 따라 백성을 재판하게 하
라 큰 일은 모두 네게 가져갈 것이요
작은 일은 모두 그들이 스스로 재판할
것이니 그리하면 그들이 너와 함께 담
당할 것인즉 일이 네게 쉬우리라
23 네가 만일 이 일을 하고 하나님께서
도 네게 허락하시면 네가 이 일을 감
당하고 이 모든 백성도 자기 곳으로
평안히 가리라
24 이에 모세가 자기 장인의 말을 듣고
그 모든 말대로 하여
25 모세가 이스라엘 무리 중에서 능력
있는 사람들을 택하여 그들을 백성의
우두머리 곧 천부장과 백부장과 오십

19】

20】

21】

22】

23】

24】

25】

부장과 십부장을 삼으매
26 그들이 때를 따라 백성을 재판하되
어려운 일은 모세에게 가져오고 모든
작은 일은 스스로 재판하더라
27 모세가 그의 장인을 보내니 그가 자
기 땅으로 가니라

26】

27】

이스라엘 자손이 시내 산에 이르다

19 1 이스라엘 자손이 애굽 땅을 떠난
지 삼 개월이 되던 날 그들이 시내
광야에 이르니라
2 그들이 르비딤을 떠나 시내 광야에
이르러 그 광야에 장막을 치되 이스
라엘이 거기 산 앞에 장막을 치니라
3 모세가 하나님 앞에 올라가니 여호
와께서 산에서 그를 불러 말씀하시되
너는 이같이 야곱의 집에 말하고 이
스라엘 자손들에게 말하라
4 내가 애굽 사람에게 어떻게 행하였음
과 내가 어떻게 독수리 날개로 너희
를 업어 내게로 인도하였음을 너희가
보았느니라
5 세계가 다 내게 속하였나니 너희가 내
말을 잘 듣고 내 언약을 지키면 너희는
모든 민족 중에서 내 소유가 되겠고
6 너희가 내게 대하여 제사장 나라가
되며 거룩한 백성이 되리라 너는 이

1】

2】

3】

4】

5】

6】

말을 이스라엘 자손에게 전할지니라
7 ○ 모세가 내려와서 백성의 장로들을
불러 여호와께서 자기에게 명령하신
그 모든 말씀을 그들 앞에 진술하니
8 백성이 일제히 응답하여 이르되 여호
와께서 명령하신 대로 우리가 다 행
하리이다 모세가 백성의 말을 여호와
께 전하매
9 여호와께서 모세에게 이르시되 내가
빽빽한 구름 가운데서 네게 임함은
내가 너와 말하는 것을 백성들이 듣
게 하며 또한 너를 영영히 믿게 하려
함이니라 모세가 백성의 말을 여호와
께 아뢰었으므로
10 여호와께서 모세에게 이르시되 너는
백성에게로 가서 오늘과 내일 그들
을 성결하게 하며 그들에게 옷을 빨
게 하고
11 준비하게 하여 셋째 날을 기다리게 하
라 이는 셋째 날에 나 여호와가 온 백
성의 목전에서 시내 산에 강림할 것
임이니
12 너는 백성을 위하여 주위에 경계를 정
하고 이르기를 너희는 삼가 산에 오르
거나 그 경계를 침범하지 말지니 산
을 침범하는 자는 반드시 죽임을 당
할 것이라

7】

8】

9】

10】

11】

12】

13 그런 자에게는 손을 대지 말고 돌로
쳐죽이거나 화살로 쏘아 죽여야 하리
니 짐승이나 사람을 막론하고 살아남
지 못하리라 하고 나팔을 길게 불거
든 산 앞에 이를 것이니라 하라
14 모세가 산에서 내려와 백성에게 이르
러 백성을 성결하게 하니 그들이 자
기 옷을 빨더라
15 모세가 백성에게 이르되 준비하여 셋
째 날을 기다리고 여인을 가까이 하
지 말라 하니라
16 ○ 셋째 날 아침에 우레와 번개와 빽
빽한 구름이 산 위에 있고 나팔 소리
가 매우 크게 들리니 진중에 있는 모
든 백성이 다 떨더라
17 모세가 하나님을 맞으려고 백성을 거
느리고 진에서 나오매 그들이 산 기
슭에 서 있는데
18 시내 산에 연기가 자욱하니 여호와
께서 불 가운데서 거기 강림하심이라
그 연기가 옹기 가마 연기 같이 떠오
르고 온 산이 크게 진동하며
19 나팔 소리가 점점 커질 때에 모세가
말한즉 하나님이 음성으로 대답하시
더라
20 여호와께서 시내 산 곧 그 산 꼭대기
에 강림하시고 모세를 그리로 부르시

13】

14】

15】

16】

17】

18】

19】

20】

니 모세가 올라가매
21 여호와께서 모세에게 이르시되 내려
가서 백성을 경고하라 백성이 밀고
들어와 나 여호와에게로 와서 보려고
하다가 많이 죽을까 하노라
22 또 여호와에게 가까이 하는 제사장들
에게 그 몸을 성결히 하게 하라 나 여
호와가 그들을 칠까 하노라
23 모세가 여호와께 아뢰되 주께서 우리
에게 명령하여 이르시기를 산 주위에
경계를 세워 산을 거룩하게 하라 하
셨사온즉 백성이 시내 산에 오르지
못하리이다
24 여호와께서 그에게 이르시되 가라 너
는 내려가서 아론과 함께 올라오고
제사장들과 백성에게는 경계를 넘어
나 여호와에게로 올라오지 못하게 하
라 내가 그들을 칠까 하노라
25 모세가 백성에게 내려가서 그들에게
알리니라

21】

22】

23】

24】

25】

십계명(신 5:1-21)

20
1 하나님이 이 모든 말씀으로 말씀
하여 이르시되
2 나는 너를 애굽 땅, 종 되었던 집에서
인도하여 낸 네 하나님 여호와니라
3 ○ 너는 나 외에는 다른 신들을 네게

1】

2】

3】

두지 말라
4 ○ 너를 위하여 새긴 우상을 만들지
말고 또 위로 하늘에 있는 것이나 아래
로 땅에 있는 것이나 땅 아래 물 속에
있는 것의 어떤 형상도 만들지 말며
5 그것들에게 절하지 말며 그것들을 섬
기지 말라 나 네 하나님 여호와는 질
투하는 하나님인즉 나를 미워하는 자
의 죄를 갚되 아버지르부터 아들에게
로 삼사 대까지 이르게 하거니와
6 나를 사랑하고 내 계명을 지키는 자에
게는 천 대까지 은혜를 베푸느니라
7 ○ 너는 네 하나님 여호와의 이름을
망령되게 부르지 말라 여호와는 그의
이름을 망령되게 부르는 자를 죄 없
다 하지 아니하리라
8 ○ 안식일을 기억하여 거룩하게 지
키라
9 엿새 동안은 힘써 네 모든 일을 행할
것이나
10 일곱째 날은 네 하나님 여호와의 안
식일인즉 너나 네 아들이나 네 딸이
나 네 남종이나 네 여종이나 네 가축
이나 네 문안에 머무는 객이라도 아
무 일도 하지 말라
11 이는 엿새 동안에 나 여호와가 하늘
과 땅과 바다와 그 가운데 모든 것을

4】
5】
6】
7】
8】
9】
10】
11】

만들고 일곱째 날에 쉬었음이라 그러
므로 나 여호와가 안식일을 복되게
하여 그 날을 거룩하게 하였느니라
12 ○ 네 부모를 공경하라 그리하면 네
하나님 여호와가 네게 준 땅에서 네
생명이 길리라
13 ○ 살인하지 말라
14 ○ 간음하지 말라
15 ○ 도둑질하지 말라
16 ○ 네 이웃에 대하여 거짓 증거하지
말라
17 ○ 네 이웃의 집을 탐내지 말라 네 이
웃의 아내나 그의 남종이나 그의 여
종이나 그의 소나 그의 나귀나 무릇
네 이웃의 소유를 탐내지 말라

백성이 두려워 떨다(신 5:22-33)

18 ○ 뭇 백성이 우레와 번개와 나팔 소
리와 산의 연기를 본지라 그들이 볼
때에 떨며 멀리 서서
19 모세에게 이르되 당신이 우리에게 말
씀하소서 우리가 들으리이다 하나님
이 우리에게 말씀하시지 말게 하소서
우리가 죽을까 하나이다
20 모세가 백성에게 이르되 두려워하지
말라 하나님이 임하심은 너희를 시험
하고 너희로 경외하여 범죄하지 않게
하려 하심이니라

12】
13】
14】
15】
16】
17】
18】
19】
20】

21 백성은 멀리 서 있고 모세는 하나님
이 계신 흑암으로 가까이 가니라

제단에 관한 법

22 ○ 여호와께서 모세에게 이르시되 너
는 이스라엘 자손에게 이같이 이르라
내가 하늘로부터 너희에게 말하는 것
을 너희 스스로 보았으니
23 너희는 나를 비겨서 은으로나 금으로
나 너희를 위하여 신상을 만들지 말고
24 내게 토단을 쌓고 그 위에 네 양과 소
로 네 번제와 화목제를 드리라 내가
내 이름을 기념하게 하는 모든 곳에
서 네게 임하여 복을 주리라
25 네가 내게 돌로 제단을 쌓거든 다듬
은 돌로 쌓지 말라 네가 정으로 그것
을 쪼면 부정하게 함이니라
26 너는 층계로 내 제단에 오르지 말라
네 하체가 그 위에서 드러날까 함이
니라

21】

22】

23】

24】

25】

26】

종에 관한 법(신 15:12-18)

21

1 네가 백성 앞에 세울 법규는 이러
하니라
2 ○ 네가 히브리 종을 사면 그는 여섯
해 동안 섬길 것이요 일곱째 해에는
몸값을 물지 않고 나가 자유인이 될
것이며

1】

2】

3 만일 그가 단신으로 왔으면 단신으로
나갈 것이요 장가 들었으면 그의 아
내도 그와 함께 나가려니와
4 만일 상전이 그에게 아내를 주어 그의
아내가 아들이나 딸을 낳았으면 그의
아내와 그의 자식들은 상전에게 속할
것이요 그는 단신으로 나갈 것이로되
5 만일 종이 분명히 말하기를 내가 상
전과 내 처자를 사랑하니 나가서 자
유인이 되지 않겠노라 하면
6 상전이 그를 데리고 재판장에게로 갈
것이요 또 그를 문이나 문설주 앞으
로 데리고 가서 그것에다가 송곳으로
그의 귀를 뚫을 것이라 그는 종신토
록 그 상전을 섬기리라
7 ○ 사람이 자기의 딸을 여종으로 팔
았으면 그는 남종 같이 나오지 못할
지며
8 만일 상전이 그를 기뻐하지 아니하여 상
관하지 아니하면 그를 속량하게 할 것
이나 상전이 그 여자를 속인 것이 되었
으니 외국인에게는 팔지 못할 것이요
9 만일 그를 자기 아들에게 주기로 하
였으면 그를 딸 같이 대우할 것이요
10 만일 상전이 다른 여자에게 장가 들
지라도 그 여자의 음식과 의복과 동
침하는 것은 끊지 말 것이요

3】

4】

5】

6】

7】

8】

9】

10】

11 그가 이 세 가지를 시행하지 아니하면, 여자는 속전을 내지 않고 거저 나가게 할 것이니라

폭행에 관한 법

12 ○ 사람을 쳐죽인 자는 반드시 죽일 것이나

13 만일 사람이 고의적으로 한 것이 아니라 나 하나님이 사람을 그의 손에 넘긴 것이면 내가 그를 위하여 한 곳을 정하리니 그 사람이 그리로 도망할 것이며

14 사람이 그의 이웃을 고의로 죽였으면 너는 그를 내 제단에서라도 잡아내려 죽일지니라

15 ○ 자기 아버지나 어머니를 치는 자는 반드시 죽일지니라

16 ○ 사람을 납치한 자가 그 사람을 팔았든지 자기 수하에 두었든지 그를 반드시 죽일지니라

17 ○ 자기의 아버지나 어머니를 저주하는 자는 반드시 죽일지니라

18 ○ 사람이 서로 싸우다가 하나가 돌이나 주먹으로 그의 상대방을 쳤으나 그가 죽지 않고 자리에 누웠다가

19 지팡이를 짚고 일어나 걸으면 그를 친 자가 형벌은 면하되 그간의 손해를 배상하고 그가 완치되게 할 것이니라

11】

12】

13】

14】

15】

16】

17】

18】

19】

20 ○ 사람이 매로 그 남종이나 여종을
쳐서 당장에 죽으면 반드시 형벌을
받으려니와
21 그가 하루나 이틀을 연명하면 형벌을
면하리니 그는 상전의 재산임이라
22 ○ 사람이 서로 싸우다가 임신한 여
인을 쳐서 낙태하게 하였으나 다른
해가 없으면 그 남편의 청구대로 반
드시 벌금을 내되 재판장의 판결을
따라 낼 것이니라
23 그러나 다른 해가 있으면 갚되 생명
은 생명으로,
24 눈은 눈으로, 이는 이로, 손은 손으로,
발은 발로,
25 덴 것은 덴 것으로, 상하게 한 것은
상함으로, 때린 것은 때림으로 갚을
지니라
26 ○ 사람이 그 남종의 한 눈이나 여종
의 한 눈을 쳐서 상하게 하면 그 눈에
대한 보상으로 그를 놓아 줄 것이며
27 그 남종의 이나 여종의 이를 쳐서 빠
뜨리면 그 이에 대한 보상으로 그를
놓아 줄지니라

임자의 책임

28 ○ 소가 남자나 여자를 받아서 죽이
면 그 소는 반드시 돌로 쳐서 죽일 것
이요 그 고기는 먹지 말 것이며 임자

20】
21】
22】
23】
24】
25】
26】
27】
28】

는 형벌을 면하려니와
29 소가 본래 받는 버릇이 있고 그 임자
는 그로 말미암아 경고를 받았으되
단속하지 아니하여 남녀를 막론하고
받아 죽이면 그 소는 돌로 쳐죽일 것
이고 임자도 죽일 것이며
30 만일 그에게 속죄금을 부과하면 무릇
그 명령한 것을 생명의 대가로 낼 것
이요
31 아들을 받든지 딸을 받든지 이 법규
대로 그 임자에게 행할 것이며
소가 만일 남종이나 여종을 받으면
32 소 임자가 은 삼십 세겔을 그의 상전
에게 줄 것이요 소는 돌로 쳐서 죽일
지니라
33 ○ 사람이 구덩이를 열어두거나 구덩
이를 파고 덮지 아니하므로 소나 나
귀가 거기에 빠지면
34 그 구덩이 주인이 잘 보상하여 짐승
의 임자에게 돈을 줄 것이요 죽은 것
은 그가 차지할 것이니라
35 ○ 이 사람의 소가 저 사람의 소를 받
아 죽이면 살아 있는 소를 팔아 그 값
을 반으로 나누고 또한 죽은 것도 반으
로 나누려니와
36 그 소가 본래 받는 버릇이 있는 줄을
알고도 그 임자가 단속하지 아니하였

29】
30】
31】
32】
33】
34】
35】
36】

으면 그는 소로 소를 갚을 것이요 죽
은 것은 그가 차지할지니라

배상에 관한 법

22 1 사람이 소나 양을 도둑질하여 잡
거나 팔면 그는 소 한 마리에 소 다
섯 마리로 갚고 양 한 마리에 양 네 마
리로 갚을지니라
2 도둑이 뚫고 들어오는 것을 보고 그
를 쳐죽이면 피 흘린 죄가 없으나
3 해 돋은 후에는 피 흘린 죄가 있으리
라 도둑은 반드시 배상할 것이나 배
상할 것이 없으면 그 몸을 팔아 그 도
둑질한 것을 배상할 것이요
4 도둑질한 것이 살아 그의 손에 있으
면 소나 나귀나 양을 막론하고 갑절
을 배상할지니라
5 ○ 사람이 밭에서나 포도원에서 짐승
을 먹이다가 자기의 짐승을 놓아 남
의 밭에서 먹게 하면 자기 밭의 가장
좋은 것과 자기 포도원의 가장 좋은
것으로 배상할지니라
6 ○ 불이 나서 가시나무에 댕겨 낟가리
나 거두지 못한 곡식이나 밭을 태우면
불 놓은 자가 반드시 배상할지니라
7 ○ 사람이 돈이나 물품을 이웃에게
맡겨 지키게 하였다가 그 이웃 집에

1】

2】

3】

4】

5】

6】

7】

서 도둑을 맞았는데 그 도둑이 잡히면 갑절을 배상할 것이요

8 도둑이 잡히지 아니하면 그 집 주인이 재판장 앞에 가서 자기가 그 이웃의 물품에 손 댄 여부의 조사를 받을 것이며

9 어떤 잃은 물건 즉 소나 나귀나 양이나 의복이나 또는 다른 잃은 물건에 대하여 어떤 사람이 이르기를 이것이 그것이라 하면 양편이 재판장 앞에 나아갈 것이요 재판장이 죄 있다고 하는 자가 그 상대편에게 갑절을 배상할지니라

10 ○ 사람이 나귀나 소나 양이나 다른 짐승을 이웃에게 맡겨 지키게 하였다가 죽거나 상하거나 끌려가도 본 사람이 없으면

11 두 사람 사이에 맡은 자가 이웃의 것에 손을 대지 아니하였다고 여호와께 맹세할 것이요 그 임자는 그대로 믿을 것이며 그 사람은 배상하지 아니하려니와

12 만일 자기에게서 도둑 맞았으면 그 임자에게 배상할 것이며

13 만일 찢겼으면 그것을 가져다가 증언할 것이요 그 찢긴 것에 대하여 배상하지 아니할지니라

14 ○ 만일 이웃에게 빌려온 것이 그 임

자가 함께 있지 아니할 때에 상하거
나 죽으면 반드시 배상하려니와
15 그 임자가 그것과 함께 있었으면 배
상하지 아니할지니라 만일 세 낸 것
이면 세로 족하니라

도덕에 관한 법

16 ○ 사람이 약혼하지 아니한 처녀를
꾀어 동침하였으면 납폐금을 주고 아
내로 삼을 것이요
17 만일 처녀의 아버지가 딸을 그에게
주기를 거절하면 그는 처녀에게 납폐
금으로 돈을 낼지니라
18 ○ 너는 무당을 살려두지 말라
19 ○ 짐승과 행음하는 자는 반드시 죽
일지니라
20 ○ 여호와 외에 다른 신에게 제사를
드리는 자는 멸할지니라
21 너는 이방 나그네를 압제하지 말며
그들을 학대하지 말라 너희도 애굽
땅에서 나그네였음이라
22 너는 과부나 고아를 해롭게 하지 말라
23 네가 만일 그들을 해롭게 하므로 그
들이 내게 부르짖으면 내가 반드시
그 부르짖음을 들으리라
24 나의 노가 맹렬하므로 내가 칼로 너
희를 죽이리니 너희의 아내는 과부가
되고 너희 자녀는 고아가 되리라

15】
16】
17】
18】
19】
20】
21】
22】
23】
24】

25 ○ 네가 만일 너와 함께 한 내 백성 중
에서 가난한 자에게 돈을 꾸어 주면
너는 그에게 채권자 같이 하지 말며
이자를 받지 말 것이며
26 네가 만일 이웃의 옷을 전당 잡거든
해가 지기 전에 그에게 돌려보내라
27 그것이 유일한 옷이다 그것이 그의 알
몸을 가릴 옷인즉 그가 무엇을 입고
자겠느냐 그가 내게 부르짖으면 내가
들으리니 나는 자비로운 자임이니라
28 ○ 너는 재판장을 고독하지 말며 백
성의 지도자를 저주하지 말지니라
29 너는 네가 추수한 것과 네가 짜낸 즙
을 바치기를 더디하지 말지며 네 처
음 난 아들들을 내게 줄지며
30 네 소와 양도 그와 같이 하되 이레 동
안 어미와 함께 있게 하다가 여드레
만에 내게 줄지니라
31 너희는 내게 거룩한 사람이 될지니 들
에서 짐승에게 찢긴 동물의 고기를 먹
지 말고 그것을 개에게 던질지니라

25】
26】
27】
28】
29】
30】
31】

공평에 관한 법

23

1 너는 거짓된 풍설을 퍼뜨리지 말
며 악인과 연합하여 위증하는 증인
이 되지 말며
2 다수를 따라 악을 행하지 말며 송사

1】
2】

에 다수를 따라 부당한 증언을 하지
말며
3 가난한 자의 송사라고 해서 편벽되이
두둔하지 말지니라
4 ○ 네가 만일 네 원수의 길 잃은 소나
나귀를 보거든 반드시 그 사람에게로
돌릴지며
5 네가 만일 너를 미워하는 자의 나귀
가 짐을 싣고 엎드러짐을 보거든 그
것을 버려두지 말고 그것을 도와 그
짐을 부릴지니라
6 ○ 너는 가난한 자의 송사라고 정의
를 굽게 하지 말며
7 거짓 일을 멀리 하며 무죄한 자와 의
로운 자를 죽이지 말라 나는 악인을
의롭다 하지 아니하겠노라
8 너는 뇌물을 받지 말라 뇌물은 밝은
자의 눈을 어둡게 하고 의로운 자의
말을 굽게 하느니라
9 너는 이방 나그네를 압제하지 말라
너희가 애굽 땅에서 나그네 되었었은
즉 나그네의 사정을 아느니라

안식년과 안식일에 관한 법

10 ○ 너는 여섯 해 동안은 너의 땅에 파
종하여 그 소산을 거두고
11 일곱째 해에는 갈지 말고 묵혀두어서
네 백성의 가난한 자들이 먹게 하라

3】

4】

5】

6】

7】

8】

9】

10】

11】

그 남은 것은 들짐승이 먹으리라 네
포도원과 감람원도 그리할지니라
12 너는 엿새 동안에 네 일을 하고 일곱
째 날에는 쉬라 네 소와 나귀가 쉴 것
이며 네 여종의 자식과 나그네가 숨
을 돌리리라
13 내가 네게 이른 모든 일을 삼가 지키
고 다른 신들의 이름은 부르지도 말며
네 입에서 들리게도 하지 말지니라

세 가지 절기에 관한 법(출 34:18-26; 신 16:1-17)

14 ○ 너는 매년 세 번 내게 절기를 지킬
지니라
15 너는 무교병의 절기를 지키라 내가 네
게 명령한 대로 아빕월의 정한 때에
이레 동안 무교병을 먹을지니 이는 그
달에 네가 애굽에서 나왔음이라 빈 손
으로 내 앞에 나오지 말지니라
16 맥추절을 지키라 이는 네가 수고하여
밭에 뿌린 것의 첫 열매를 거둠이니
라 수장절을 지키라 이는 네가 수고
하여 이룬 것을 연말에 밭에서부터
거두어 저장함이니라
17 네 모든 남자는 매년 세 번씩 주 여호
와께 보일지니라
18 ○ 너는 네 제물의 피를 유교병과 함
께 드리지 말며 내 절기 제물의 기름
을 아침까지 남겨두지 말지니라

12】
13】
14】
15】
16】
17】
18】

19 네 토지에서 처음 거둔 열매의 가장
좋은 것을 가져다가 너의 하나님 여호
와의 전에 드릴지니라 너는 염소 새끼
를 그 어미의 젖으로 삶지 말지니라

명령과 약속

20 ○ 내가 사자를 네 앞서 보내어 길에
서 너를 보호하여 너를 내가 예비한
곳에 이르게 하리니
21 너희는 삼가 그의 목소리를 청종하고
그를 노엽게 하지 말라 그가 너희의
허물을 용서하지 아니할 것은 내 이
름이 그에게 있음이니라
22 네가 그의 목소리를 잘 청종하고 내
모든 말대로 행하면 내가 네 원수에
게 원수가 되고 네 대적에게 대적이
될지라
23 내 사자가 네 앞서 가서 너를 아모리
사람과 헷 사람과 브리스 사람과 가나
안 사람과 히위 사람과 여부스 사람에
게로 인도하고 나는 그들을 끊으리니
24 너는 그들의 신을 경배하지 말며 섬
기지 말며 그들의 행위를 본받지 말
고 그것들을 다 깨뜨리며 그들의 주
상을 부수고
25 네 하나님 여호와를 섬기라 그리하면
여호와가 너희의 양식과 물에 복을
내리고 너희 중에서 병을 제하리니

19】

20】

21】

22】

23】

24】

25】

26 네 나라에 낙태하는 자가 없고 임신
하지 못하는 자가 없을 것이라 내가
너의 날 수를 채우리라
27 내가 내 위엄을 네 앞서 보내어 네가
이를 곳의 모든 백성을 물리치고 네
모든 원수들이 네게 등을 돌려 도망
하게 할 것이며
28 내가 왕벌을 네 앞에 보내리니 그 벌
이 히위 족속과 가나안 족속과 헷 족
속을 네 앞에서 쫓아내리라
29 그러나 그 땅이 황폐하게 됨으로 들
짐승이 번성하여 너희를 해할까 하여
일 년 안에는 그들을 네 앞에서 쫓아
내지 아니하고
30 네가 번성하여 그 땅을 기업으로 얻
을 때까지 내가 그들을 네 앞에서 조
금씩 쫓아내리라
31 내가 네 경계를 홍해에서부터 블레셋
바다까지, 광야에서부터 강까지 정하
고 그 땅의 주민을 네 손에 넘기리니
네가 그들을 네 앞에서 쫓아낼지라
32 너는 그들과 그들의 신들과 언약하지
말라
33 그들이 네 땅에 머무르지 못할 것은
그들이 너를 내게 범죄하게 할까 두
려움이라 네가 그 신들을 섬기면 그
것이 너의 올무가 되리라

26】

27】

28】

29】

30】

31】

32】

33】

시내 산에서 언약을 세우다

24
1 또 모세에게 이르시되 너는 아론과
나답과 아비후와 이스라엘 장로
칠십 명과 함께 여호와께로 올라와
멀리서 경배하고
2 너 모세만 여호와께 가까이 나아오고
그들은 가까이 나아오지 말며 백성은
너와 함께 올라오지 말지니라
3 모세가 와서 여호와의 모든 말씀과
그의 모든 율례를 백성에게 전하매
그들이 한 소리로 응답하여 이르되
여호와께서 말씀하신 모든 것을 우리
가 준행하리이다
4 모세가 여호와의 모든 말씀을 기록하
고 이른 아침에 일어나 산 아래에 제
단을 쌓고 이스라엘 열두 지파대로
열두 기둥을 세우고
5 이스라엘 자손의 청년들을 보내어 여
호와께 소로 번제와 화목제를 드리
게 하고
6 모세가 피를 가지고 반은 여러 양푼
에 담고 반은 제단에 뿌리고
7 언약서를 가져다가 백성에게 낭독하
여 듣게 하니 그들이 이르되 여호와의
모든 말씀을 우리가 준행하리이다
8 모세가 그 피를 가지고 백성에게 뿌
리며 이르되 이는 여호와께서 이 모

1】

2】

3】

4】

5】

6】

7】

8】

든 말씀에 대하여 너희와 세우신 언
약의 피니라
9 ○ 모세와 아론과 나답과 아비후와
이스라엘 장로 칠십 인이 올라가서
10 이스라엘의 하나님을 보니 그의 발 아
래에는 청옥을 편 듯하고 하늘 같이
청명하더라
11 하나님이 이스라엘 자손들의 존귀한
자들에게 손을 대지 아니하셨고 그들
은 하나님을 뵙고 먹고 마셨더라

시내 산에서 사십 일을 있다

12 ○ 여호와께서 모세에게 이르시되 너
는 산에 올라 내게로 와서 거기 있으
라 네가 그들을 가르치도록 내가 율법
과 계명을 친히 기록한 돌판을 네게 주
리라
13 모세가 그의 부하 여호수아와 함께
일어나 모세가 하나님의 산으로 올라
가며
14 장로들에게 이르되 너희는 여기서 우
리가 너희에게로 돌아오기까지 기다
리라 아론과 훌이 너희와 함께 하리
니 무릇 일이 있는 자는 그들에게로
나아갈지니라 하고
15 모세가 산에 오르매 구름이 산을 가
리며
16 여호와의 영광이 시내 산 위에 머무

9】
10】
11】
12】
13】
14】
15】
16】

르고 구름이 엿새 동안 산을 가리더
니 일곱째 날에 여호와께서 구름 가
운데서 모세를 부르시니라
17 산 위의 여호와의 영광이 이스라엘
자손의 눈에 맹렬한 불 같이 보였고
18 모세는 구름 속으로 들어가서 산 위에
올랐으며 모세가 사십 일 사십 야를
산에 있으니라

17】

18】

성소를 지을 예물

25 1 여호와께서 모세에게 말씀하여 이
르시되
2 이스라엘 자손에게 명령하여 내게 예
물을 가져오라 하고 기쁜 마음으로
내는 자가 내게 바치는 모든 것을 너
희는 받을지니라
3 너희가 그들에게서 받을 예물은 이러
하니 금과 은과 놋과
4 청색 자색 홍색 실과 가는 베 실과 염
소 털과
5 붉은 물 들인 숫양의 가죽과 해달의
가죽과 조각목과
6 등유와 관유에 드는 향료와 분향할
향을 만들 향품과
7 호마노며 에봇과 흉패에 물릴 보석이
니라
8 내가 그들 중에 거할 성소를 그들이

1】

2】

3】

4】

5】

6】

7】

8】

나를 위하여 짓되
9 무릇 내가 네게 보이는 모양대로 장
막을 짓고 기구들도 그 모양을 따라
지을지니라

증거궤(출 37:1-9)

10 ○ 그들은 조각목으로 궤를 짜되 길
이는 두 규빗 반, 너비는 한 규빗 반,
높이는 한 규빗 반이 되게 하고
11 너는 순금으로 그것을 싸되 그 안팎
을 싸고 위쪽 가장자리로 돌아가며
금 테를 두르고
12 금 고리 넷을 부어 만들어 그 네 발에
달되 이쪽에 두 고리 저쪽에 두 고리
를 달며
13 조각목으로 채를 만들어 금으로 싸고
14 그 채를 궤 양쪽 고리에 꿰어서 궤를
메게 하며
15 채를 궤의 고리에 꿴 대로 두고 빼내
지 말지며
16 내가 네게 줄 증거판을 궤 속에 둘지며
17 순금으로 속죄소를 만들되 길이는 두
규빗 반, 너비는 한 규빗 반이 되게
하고
18 금으로 그룹 둘을 속죄소 두 끝에 쳐
서 만들되
19 한 그룹은 이 끝에, 또 한 그룹은 저
끝에 곧 속죄소 두 끝에 속죄소와 한

9】

10】

11】

12】

13】

14】

15】

16】

17】

18】

19】

덩이로 연결할지며
20 그룹들은 그 날개를 높이 펴서 그 날
개로 속죄소를 덮으며 그 얼굴을 서
로 대하여 속죄소를 향하게 하고
21 속죄소를 궤 위에 얹고 내가 네게 줄
증거판을 궤 속에 넣으라
22 거기서 내가 너와 만나고 속죄소 위
곧 증거궤 위에 있는 두 그룹 사이에
서 내가 이스라엘 자손을 위하여 네
게 명령할 모든 일을 네게 이르리라

진설병을 두는 상(출 37:10-16)

23 ○ 너는 조각목으로 상을 만들되 길
이는 두 규빗, 너비는 한 규빗, 높이는
한 규빗 반이 되게 하고
24 순금으로 싸고 주위에 금 테를 두르고
25 그 주위에 손바닥 넓이만한 턱을 만
들고 그 턱 주위에 금으로 테를 만
들고
26 그것을 위하여 금 고리 넷을 만들어
그 네 발 위 네 모퉁이에 달되
27 턱 곁에 붙이라 이는 상을 멜 채를 꿸
곳이며
28 또 조각목으로 그 채를 만들고 금으
로 싸라 상을 이것으로 멜 것이니라
29 너는 대접과 숟가락과 병과 붓는 잔
을 만들되 순금으로 만들며
30 상 위에 진설병을 두어 항상 내 앞에

20】
21】
22】
23】
24】
25】
26】
27】
28】
29】
30】

있게 할지니라

등잔대와 기구들(출 37:17-24)

31 ○ 너는 순금으로 등잔대를 쳐 만들
되 그 밑판과 줄기와 잔과 꽃받침과
꽃을 한 덩이로 연결하고
32 가지 여섯을 등잔대 곁에서 나오게 하
되 다른 세 가지는 이쪽으로 나오고 다
른 세 가지는 저쪽으로 나오게 하며
33 이쪽 가지에 살구꽃 형상의 잔 셋과
꽃받침과 꽃이 있게 하고 저쪽 가지
에도 살구꽃 형상의 잔 셋과 꽃받침
과 꽃이 있게 하여 등잔대에서 나온
가지 여섯을 같게 할지며
34 등잔대 줄기에는 살구꽃 형상의 잔
넷과 꽃받침과 꽃이 있게 하고
35 등잔대에서 나온 가지 여섯을 위하여
꽃받침이 있게 하되 두 가지 아래에
한 꽃받침이 있어 줄기와 연결하며 또
두 가지 아래에 한 꽃받침이 있어 줄
기와 연결하며 또 두 가지 아래에 한
꽃받침이 있어 줄기와 연결하게 하고
36 그 꽃받침과 가지를 줄기와 연결하여
전부를 순금으로 쳐 만들고
37 등잔 일곱을 만들어 그 위에 두어 앞
을 비추게 하며
38 그 불 집게와 불 똥 그릇도 순금으로
만들지니

31】

32】

33】

34】

35】

36】

37】

38】

39 등잔대와 이 모든 기구를 순금 한 달
란트로 만들되
40 너는 삼가 이 산에서 네게 보인 양식
대로 할지니라

39】

40】

성막(출 36:8-38)

26 1 너는 성막을 만들되 가늘게 꼰 베
실과 청색 자색 홍색 실로 그룹을
정교하게 수 놓은 열 폭의 휘장을 만
들지니
2 매 폭의 길이는 스물여덟 규빗, 너비
는 네 규빗으로 각 폭의 장단을 같게
하고
3 그 휘장 다섯 폭을 서로 연결하며 다
른 다섯 폭도 서로 연결하고
4 그 휘장을 이을 끝폭 가에 청색 고를
만들며 이어질 다른 끝폭 가에도 그
와 같이 하고
5 휘장 끝폭 가에 고 쉰 개를 달며 다른
휘장 끝폭 가에도 고 쉰 개를 달고 그
고들을 서로 마주 보게 하고
6 금 갈고리 쉰 개를 만들고 그 갈고리
로 휘장을 연결하게 한 성막을 이룰
지며
7 그 성막을 덮는 막 곧 휘장을 염소털
로 만들되 열한 폭을 만들지며
8 각 폭의 길이는 서른 규빗, 너비는 네

1】

2】

3】

4】

5】

6】

7】

8】

규빗으로 열한 폭의 길이를 같게 하고
9 그 휘장 다섯 폭을 서로 연결하며 또
여섯 폭을 서로 연결하고 그 여섯째 폭
절반은 성막 전면에 접어 드리우고
10 휘장을 이을 끝폭 가에 고 쉰 개를 달
며 다른 이을 끝폭 가에도 고 쉰 개를
달고
11 놋 갈고리 쉰 개를 만들고 그 갈고리
로 그 고를 꿰어 연결하여 한 막이 되
게 하고
12 그 막 곧 휘장의 그 나머지 반 폭은 성
막 뒤에 늘어뜨리고
13 막 곧 휘장의 길이의 남은 것은 이쪽
에 한 규빗, 저쪽에 한 규빗씩 성막 좌
우 양쪽에 덮어 늘어뜨리고
14 붉은 물 들인 숫양의 가죽으로 막의
덮개를 만들고 해달의 가죽으로 그
윗덮개를 만들지니라
15 ○ 너는 조각목으로 성막을 위하여
널판을 만들어 세우되
16 각 판의 길이는 열 규빗, 너비는 한 규
빗 반으로 하고
17 각 판에 두 촉씩 내어 서로 연결하게 하
되 너는 성막 널판을 다 그와 같이 하라
18 너는 성막을 위하여 널판을 만들되 남
쪽을 위하여 널판 스무 개를 만들고
19 스무 널판 아래에 은 받침 마흔 개를

만들지니 이쪽 널판 아래에도 그 두
촉을 위하여 두 받침을 만들고 저쪽
널판 아래에도 그 두 촉을 위하여 두
받침을 만들지며
20 성막 다른 쪽 곧 그 북쪽을 위하여도
널판 스무 개로 하고
21 은 받침 마흔 개를 이쪽 널판 아래에
도 두 받침, 저쪽 널판 아래에도 두 받
침으로 하며
22 성막 뒤 곧 그 서쪽을 위하여는 널판
여섯 개를 만들고
23 성막 뒤 두 모퉁이 쪽을 위하여는 널
판 두 개를 만들되
24 아래에서부터 위까지 각기 두 겹 두
께로 하여 윗고리에 이르게 하고 두
모퉁이 쪽을 다 그리하며
25 그 여덟 널판에는 은 받침이 열여섯
이니 이쪽 판 아래에도 두 받침이요
저쪽 판 아래에도 두 받침이니라
26 너는 조각목으로 띠를 만들지니 성막
이쪽 널판을 위하여 다섯 개요
성막 저쪽 널판을 위하여 다섯 개요
27 성막 뒤 곧 서쪽 널판을 위하여 다섯
개이며
28 널판 가운데에 있는 중간 띠는 이 끝
에서 저 끝에 미치게 하고
29 그 널판들을 금으로 싸고 그 널판들

20】
21】
22】
23】
24】
25】
26】
27】
28】
29】

의 띠를 꿸 금 고리를 만들고 그 띠를
금으로 싸라
30 너는 산에서 보인 양식대로 성막을
세울지니라
31 ○ 너는 청색 자색 홍색 실과 가늘게
꼰 베 실로 짜서 휘장을 만들고 그 위
에 그룹들을 정교하게 수 놓아서
32 금 갈고리를 네 기둥 위에 늘어뜨리
되 그 네 기둥을 조각목으로 만들고
금으로 싸서 네 은 받침 위에 둘지며
33 그 휘장을 갈고리 아래에 늘어뜨린
후에 증거궤를 그 휘장 안에 들여놓
으라 그 휘장이 너희를 위하여 성소
와 지성소를 구분하리라
34 너는 지성소에 있는 증거궤 위에 속
죄소를 두고
35 그 휘장 바깥 북쪽에 상을 놓고 남쪽
에 등잔대를 놓아 상과 마주하게 할
지며
36 청색 자색 홍색 실과 가늘게 꼰 베 실
로 수 놓아 짜서 성막 문을 위하여 휘
장을 만들고
37 그 휘장 문을 위하여 기둥 다섯을 조
각목으로 만들어 금으로 싸고 그 갈
고리도 금으로 만들지며 또 그 기둥
을 위하여 받침 다섯 개를 놋으로 부
어 만들지니라

30】
31】
32】
33】
34】
35】
36】
37】

제단(출 38:1-7)

27 1 너는 조각목으로 길이가 다섯 규
빗, 너비가 다섯 규빗의 제단을 만
들되 네모 반듯하게 하며 높이는 삼
규빗으로 하고
2 그 네 모퉁이 위에 뿔을 만들되 그 뿔
이 그것에 이어지게 하고 그 제단을
놋으로 싸고
3 재를 담는 통과 부삽과 대야와 고기
갈고리와 불 옮기는 그릇을 만들되
제단의 그릇을 다 놋으로 만들지며
4 제단을 위하여 놋으로 그물을 만들고
그 위 네 모퉁이에 놋 고리 넷을 만
들고
5 그물은 제단 주위 가장자리 아래 곧
제단 절반에 오르게 할지며
6 또 그 제단을 위하여 채를 만들되 조
각목으로 만들고 놋으로 쌀지며
7 제단 양쪽 고리에 그 채를 꿰어 제단
을 메게 할지며
8 제단은 널판으로 속이 비게 만들되
산에서 네게 보인 대로 그들이 만들
게 하라

성막의 뜰(출 38:9-20)

9 ○ 너는 성막의 뜰을 만들지니 남쪽
을 향하여 뜰 남쪽에 너비가 백 규빗
의 세마포 휘장을 쳐서 그 한 쪽을 당

1】
2】
3】
4】
5】
6】
7】
8】
9】

하게 할지니
10 그 기둥이 스물이며 그 받침 스물은
놋으로 하고 그 기둥의 갈고리와 가
름대는 은으로 할지며
11 그 북쪽에도 너비가 백 규빗의 포장을
치되 그 기둥이 스물이며 그 기둥의
받침 스물은 놋으로 하고 그 기둥의
갈고리와 가름대는 은으로 할지며
12 뜰의 옆 곧 서쪽에 너비 쉰 규빗의 포
장을 치되 그 기둥이 열이요 받침이
열이며
13 동쪽을 향하여 뜰 동쪽의 너비도 쉰
규빗이 될지며
14 문 이쪽을 위하여 포장이 열다섯 규
빗이며 그 기둥이 셋이요 받침이 셋
이요
15 문 저쪽을 위하여도 포장이 열다섯
규빗이며 그 기둥이 셋이요 받침이
셋이며
16 뜰 문을 위하여는 청색 자색 홍색 실
과 가늘게 꼰 베 실로 수 놓아 짠 스
무 규빗의 휘장이 있게 할지니 그 기
둥이 넷이요 받침이 넷이며
17 뜰 주위 모든 기둥의 가름대와 갈고
리는 은이요 그 받침은 놋이며
18 뜰의 길이는 백 규빗이요 너비는 쉰
규빗이요 세마포 휘장의 높이는 다섯

10】

11】

12】

13】

14】

15】

16】

17】

18】

규빗이요 그 받침은 놋이며
19 성막에서 쓰는 모든 기구와 그 말뚝
과 뜰의 포장 말뚝을 다 놋으로 할지
니라

등불 관리(레 24:1-4)

20 ○ 너는 또 이스라엘 자손에게 명령
하여 감람으로 짠 순수한 기름을 등
불을 위하여 네게로 가져오게 하고
끊이지 않게 등불을 켜되
21 아론과 그의 아들들로 회막 안 증거궤
앞 휘장 밖에서 저녁부터 아침까지 항
상 여호와 앞에 그 등불을 보살피게
하라 이는 이스라엘 자손이 대대로 지
킬 규례이니라

19】

20】

21】

제사장의 옷(출 39:1-7)

28 1 너는 이스라엘 자손 중 네 형 아론
과 그의 아들들 곧 아론과 아론의
아들들 나답과 아비후와 엘르아살과
이다말을 그와 함께 네게로 나아오게
하여 나를 섬기는 제사장 직분을 행
하게 하되
2 네 형 아론을 위하여 거룩한 옷을 지
어 영화롭고 아름답게 할지니
3 너는 무릇 마음에 지혜 있는 모든 자
곧 내가 지혜로운 영으로 채운 자들
에게 말하여 아론의 옷을 지어 그를

1】

2】

3】

거룩하게 하여 내게 제사장 직분을
행하게 하라
4 그들이 지을 옷은 이러하니 곧 흉패
와 에봇과 겉옷과 반포 속옷과 관과
띠라 그들이 네 형 아론과 그 아들들
을 위하여 거룩한 옷을 지어 아론이
내게 제사장 직분을 행하게 하라
5 그들이 쓸 것은 금 실과 청색 자색 홍
색 실과 가늘게 꼰 베 실이니라
6 ○ 그들이 금 실과 청색 자색 홍색 실
과 가늘게 꼰 베 실로 정교하게 짜서
에봇을 짓되
7 그것에 어깨받이 둘을 달아 그 두 끝
을 이어지게 하고
8 에봇 위에 매는 띠는 에봇 짜는 법으
로 금 실과 청색 자색 홍색 실과 가늘
게 꼰 베 실로 에봇에 정교하게 붙여
짤지며
9 호마노 두 개를 가져다가 그 위에 이
스라엘 아들들의 이름을 새기되
10 그들의 나이대로 여섯 이름을 한 보
석에, 나머지 여섯 이름은 다른 보석
에 새기라
11 보석을 새기는 자가 도장에 새김 같
이 너는 이스라엘 아들들의 이름을
그 두 보석에 새겨 금 테에 물리고
12 그 두 보석을 에봇의 두 어깨받이에

4】
5】
6】
7】
8】
9】
10】
11】
12】

붙여 이스라엘 아들들의 기념 보석
을 삼되 아론이 여호와 앞에서 그들
의 이름을 그 두 어깨에 메워서 기념
이 되게 할지며
13 너는 금으로 테를 만들고
14 순금으로 노끈처럼 두 사슬을 땋고
그 땋은 사슬을 그 테에 달지니라

판결 흉패(출 39:8-21)

15 ○ 너는 판결 흉패를 에봇 짜는 방
법으로 금 실과 청색 자색 홍색 실
과 가늘게 꼰 베 실로 정교하게 짜
서 만들되
16 길이와 너비가 한 뼘씩 두 겹으로 네
모 반듯하게 하고
17 그것에 네 줄로 보석을 물리되 첫 줄
은 홍보석 황옥 녹주옥이요
18 둘째 줄은 석류석 남보석 홍마노요
19 셋째 줄은 호박 백마노 자수정이요
20 넷째 줄은 녹보석 호마노 벽옥으로
다 금 테에 물릴지니
21 이 보석들은 이스라엘 아들들의 이름대
로 열둘이라 보석마다 열두 지파의 한
이름씩 도장을 새기는 법으로 새기고
22 순금으로 노끈처럼 땋은 사슬을 흉패
위에 붙이고
23 또 금 고리 둘을 만들어 흉패 위 곧 흉
패 두 끝에 그 두 고리를 달고

13】

14】

15】

16】

17】

18】

19】

20】

21】

22】

23】

24 땋은 두 금 사슬로 흉패 두 끝 두 고리
에 꿰어 매고
25 두 땋은 사슬의 다른 두 끝을 에봇 앞
두 어깨받이의 금 테에 매고
26 또 금 고리 둘을 만들어 흉패 아래 양
쪽 가 안쪽 곧 에봇에 닿은 곳에 달고
27 또 금 고리 둘을 만들어 에봇 앞 두 어
깨받이 아래 매는 자리 가까운 쪽 곧
정교하게 짠 띠 위쪽에 달고
28 청색 끈으로 흉패 고리와 에봇 고리
에 꿰어 흉패로 정교하게 짠 에봇 띠
위에 붙여 떨어지지 않게 하라
29 아론이 성소에 들어갈 때에는 이스라
엘 아들들의 이름을 기록한 이 판결
흉패를 가슴에 붙여 여호와 앞에 영
원한 기념을 삼을 것이니라
30 너는 우림과 둠밈을 판결 흉패 안에
넣어 아론이 여호와 앞에 들어갈 때
에 그의 가슴에 붙이게 하라 아론은
여호와 앞에서 이스라엘 자손의 흉패
를 항상 그의 가슴에 붙일지니라

제사장의 또 다른 옷(출 39:22-31)

31 ○ 너는 에봇 받침 겉옷을 전부 청색
으로 하되
32 두 어깨 사이에 머리 들어갈 구멍을
내고 그 주위에 갑옷 깃 같이 깃을 짜
서 찢어지지 않게 하고

24】

25】

26】

27】

28】

29】

30】

31】

32】

33 그 옷 가장자리로 돌아가며 청색 자
색 홍색 실로 석류를 수 놓고 금 방울
을 간격을 두어 달되
34 그 옷 가장자리로 돌아가며 한 금 방
울, 한 석류, 한 금 방울, 한 석류가 있
게 하라
35 아론이 입고 여호와를 섬기러 성소에
들어갈 때와 성소에서 나올 때에 그
소리가 들릴 것이라 그리하면 그가
죽지 아니하리라
36 ○ 너는 또 순금으로 패를 만들어 도
장을 새기는 법으로 그 위에 새기되 '
여호와께 성결'이라 하고
37 그 패를 청색 끈으로 관 위에 매되 곧
관 전면에 있게 하라
38 이 패를 아론의 이마에 두어 그가 이
스라엘 자손이 거룩하게 드리는 성물
과 관련된 죄책을 담당하게 하라 그
패가 아론의 이마에 늘 있으므로 그
성물을 여호와께서 받으시게 되리라
39 너는 가는 베 실로 반포 속옷을 짜고
가는 베 실로 관을 만들고 띠를 수 놓
아 만들지니라
40 ○ 너는 아론의 아들들을 위하여 속
옷을 만들며 그들을 위하여 띠를 만
들며 그들을 위하여 관을 만들어 영
화롭고 아름답게 하되

33】

34】

35】

36】

37】

38】

39】

40】

41 너는 그것들로 네 형 아론과 그와 함
께 한 그의 아들들에게 입히고 그들
에게 기름을 부어 위임하고 거룩하게
하여 그들이 제사장 직분을 내게 행
하게 할지며
42 또 그들을 위하여 베로 속바지를 만
들어 허리에서부터 두 넓적다리까지
이르게 하여 하체를 가리게 하라
43 아론과 그의 아들들이 회막에 들어갈
때에나 제단에 가까이 하여 거룩한 곳
에서 섬길 때에 그것들을 입어야 죄를
짊어진 채 죽지 아니하리니 그와 그의
후손이 영원히 지킬 규례니라

41】

42】

43】

제사장 직분 위임(레 8:1-36)

29
1 네가 그들에게 나를 섬길 제사장
직분을 위임하여 그들을 거룩하게
할 일은 이러하니 곧 어린 수소 하나
와 흠 없는 숫양 둘을 택하고
2 무교병과 기름 섞인 무교 과자와 기
름 바른 무교 전병을 모두 고운 밀가
루로 만들고
3 그것들을 한 광주리에 담고 그것을
광주리에 담은 채 그 송아지와 두 양
과 함께 가져오라
4 너는 아론과 그의 아들들을 회막 문
으로 데려다가 물로 씻기고

1】

2】

3】

4】

5 의복을 가져다가 아론에게 속옷과 에
봇 받침 겉옷과 에봇을 입히고 흉패
를 달고 에봇에 정교하게 짠 띠를 띠
게 하고
6 그의 머리에 관을 씌우고 그 위에 거
룩한 패를 더하고
7 관유를 가져다가 그의 머리에 부어
바르고
8 그의 아들들을 데려다가 그들에게 속
옷을 입히고
9 아론과 그의 아들들에게 띠를 띠우며
관을 씌워 그들에게 제사장의 직분을
맡겨 영원한 규례가 되게 하라 너는
이같이 아론과 그의 아들들에게 위임
하여 거룩하게 할지니라
10 ○ 너는 수송아지를 회막 앞으로 끌
어오고 아론과 그의 아들들은 그 송
아지 머리에 안수할지며
11 너는 회막 문 여호와 앞에서 그 송아
지를 잡고
12 그 피를 네 손가락으로 제단 뿔들에
바르고 그 피 전부를 제단 밑에 쏟을
지며
13 내장에 덮인 모든 기름과 간 위에 있
는 꺼풀과 두 콩팥과 그 위의 기름을
가져다가 제단 위에 불사르고
14 그 수소의 고기와 가죽과 똥을 진 밖

5】

6】

7】

8】

9】

10】

11】

12】

13】

14】

에서 불사르라 이는 속죄제니라
15 ○ 너는 또 숫양 한 마리를 끌어오고
아론과 그의 아들들은 그 숫양의 머
리 위에 안수할지며
16 너는 그 숫양을 잡고 그 피를 가져다
가 제단 위의 주위에 뿌리고
17 그 숫양의 각을 뜨고 그 장부와 다리
는 씻어 각을 뜬 고기와 그 머리와 함
께 두고
18 그 숫양 전부를 제단 위에 불사르라
이는 여호와께 드리는 번제요 이는
향기로운 냄새니 여호와께 드리는 화
제니라
19 ○ 너는 다른 숫양을 택하고 아론과
그 아들들은 그 숫양의 머리 위에 안
수할지며
20 너는 그 숫양을 잡고 그것의 피를 가
져다가 아론의 오른쪽 귓부리와 그의
아들들의 오른쪽 귓부리에 바르고 그
오른손 엄지와 오른발 엄지에 바르고
그 피를 제단 주위에 뿌리고
21 제단 위의 피와 관유를 가져다가 아론
과 그의 옷과 그의 아들들과 그의 아들
들의 옷에 뿌리라 그와 그의 옷과 그
의 아들들과 그의 아들들의 옷이 거룩
하리라
22 또 너는 그 숫양의 기름과 기름진 꼬

15】

16】

17】

18】

19】

20】

21】

22】

리와 그것의 내장에 덮인 기름과 간
위의 꺼풀과 두 콩팥과 그것들 위의
기름과 오른쪽 넓적다리를 가지라 이
는 위임식의 숫양이라
23 또 여호와 앞에 있는 무교병 광주리
에서 떡 한 개와 기름 바른 과자 한 개
와 전병 한 개를 가져다가
24 그 전부를 아론의 손과 그의 아들들
의 손에 주고 그것을 흔들어 여호와
앞에 요제를 삼을지며
25 너는 그것을 그들의 손에서 가져다가
제단 위에서 번제물을 더하여 불사르
라 이는 여호와 앞에 향기로운 냄새
니 곧 여호와께 드리는 화제니라
26 ○ 너는 아론의 위임식 숫양의 가슴
을 가져다가 여호와 앞에 흔들어 요
제를 삼으라 이것이 네 분깃이니라
27 너는 그 흔든 요제물 곧 아론과 그의
아들들의 위임식 숫양의 가슴과 넓적
다리를 거룩하게 하라
28 이는 이스라엘 자손이 아론과 그의
자손에게 돌릴 영원한 분깃이요 거제
물이니 곧 이스라엘 자손이 화목제의
제물 중에서 취한 거제물로서 여호와
께 드리는 거제물이니라
29 ○ 아론의 성의는 후에 아론의 아들
들에게 돌릴지니 그들이 그것을 입고

23】

24】

25】

26】

27】

28】

29】

기름 부음으로 위임을 받을 것이며
30 그를 이어 제사장이 되는 아들이 회
막에 들어가서 성소에서 섬길 때에는
이레 동안 그것을 입을지니라
31 ○ 너는 위임식 숫양을 가져다가 거
룩한 곳에서 그 고기를 삶고
32 아론과 그의 아들들은 회막 문에서
그 숫양의 고기와 광주리에 있는 떡
을 먹을지라
33 그들은 속죄물 곧 그들을 위임하며 그
들을 거룩하게 하는 데 쓰는 것을 먹
되 타인은 먹지 못할지니 그것이 거
룩하기 때문이라
34 위임식 고기나 떡이 아침까지 남아
있으면 그것을 불어 사를지니 이는
거룩한즉 먹지 못할지니라
35 ○ 너는 내가 네게 한 모든 명령대로
아론과 그의 아들들에게 그같이 하여
이레 동안 위임식을 행하되
36 매일 수송아지 하나로 속죄하기 위하
여 속죄제를 드리며 또 제단을 위하
여 속죄하여 깨끗하게 하고 그것에
기름을 부어 거룩하게 하라
37 너는 이레 동안 제단을 위하여 속죄
하여 거룩하게 하라 그리하면 지극히
거룩한 제단이 되리니 제단에 접촉하
는 모든 것이 거룩하리라

30】

31】

32】

33】

34】

35】

36】

37】

매일 드릴 번제(민 28:1-8)

38 ○ 네가 제단 위에 드릴 것은 이러하
니라 매일 일 년 된 어린 양 두 마리니
39 한 어린 양은 아침에 드리고 한 어린
양은 저녁 때에 드릴지며
40 한 어린 양에 고운 밀가루 십분의 일
에바와 찧은 기름 사분의 일 힌을 더
하고 또 전제로 포도주 사분의 일 힌
을 더할지며
41 한 어린 양은 저녁 때에 드리되 아침
에 한 것처럼 소제와 전제를 그것과
함께 드려 향기로운 냄새가 되게 하
여 여호와께 화제로 삼을지니
42 이는 너희가 대대로 여호와 앞 회막
문에서 늘 드릴 번제라 내가 거기서
너희와 만나고 네게 말하리라
43 내가 거기서 이스라엘 자손을 만나리
니 내 영광으로 말미암아 회막이 거
룩하게 될지라
44 내가 그 회막과 제단을 거룩하게 하며
아론과 그의 아들들도 거룩하게 하여
내게 제사장 직분을 행하게 하며
45 내가 이스라엘 자손 중에 거하여 그
들의 하나님이 되리니
46 그들은 내가 그들의 하나님 여호와로
서 그들 중에 거하려고 그들을 애굽
땅에서 인도하여 낸 줄을 알리라 나

38】

39】

40】

41】

42】

43】

44】

45】

46】

는 그들의 하나님 여호와니라

분향할 제단(출 37:25-28)

30 1 너는 분향할 제단을 만들지니 곧
조각목으로 만들되
2 길이가 한 규빗, 너비가 한 규빗으로
네모가 반듯하게 하고 높이는 두 규
빗으로 하며 그 뿔을 그것과 이어지
게 하고
3 제단 상면과 전후 좌우 면과 뿔을 순금
으로 싸고 주위에 금 테를 두를지며
4 금 테 아래 양쪽에 금 고리 둘을 만들
되 곧 그 양쪽에 만들지니 이는 제단
을 메는 채를 꿸 곳이며
5 그 채를 조각목으로 만들고 금으로
싸고
6 그 제단을 증거궤 위 속죄소 맞은편
곧 증거궤 앞에 있는 휘장 밖에 두라
그 속죄소는 내가 너와 만날 곳이며
7 아론이 아침마다 그 위에 향기로운
향을 사르되 등불을 손질할 때에 사
를지며
8 또 저녁 때 등불을 켤 때에 사를지니
이 향은 너희가 대대로 여호와 앞에
끊지 못할지며
9 너희는 그 위에 다른 향을 사르지 말
며 번제나 소제를 드리지 말며 전제

1】

2】

3】

4】

5】

6】

7】

8】

9】

의 술을 붓지 말며
10 아론이 일 년에 한 번씩 이 향단 뿔을
위하여 속죄하되 속죄제의 피로 일 년
에 한 번씩 대대로 속죄할지니라 이
제단은 여호와께 지극히 거룩하니라

회막 봉사에 쓰는 속전

11 ○ 여호와께서 모세에게 말씀하여 이
르시되
12 네가 이스라엘 자손의 수효를 조사할
때에 조사 받은 각 사람은 그들을 계수
할 때에 자기의 생명의 속전을 여호와
께 드릴지니 이는 그것을 계수할 때에
그들 중에 질병이 없게 하려 함이라
13 무릇 계수 중에 드는 자마다 성소의
세겔로 반 세겔을 낼지니 한 세겔은
이십 게라라 그 반 세겔을 여호와께
드릴지며
14 계수 중에 드는 모든 자 곧 스무 살 이
상 된 자가 여호와께 드리되
15 너희의 생명을 대속하기 위하여 여호
와께 드릴 때에 부자라고 반 세겔에
서 더 내지 말고 가난한 자라고 덜 내
지 말지며
16 너는 이스라엘 자손에게서 속전을 취
하여 회막 봉사에 쓰라 이것이 여호
와 앞에서 이스라엘 자손의 기념이
되어서 너희의 생명을 대속하리라

10】
11】
12】
13】
14】
15】
16】

놋 물두멍

17 ○ 여호와께서 모세에게 말씀하여 이
르시되
18 너는 물두멍을 놋으로 만들고 그 받
침도 놋으로 만들어 씻게 하되 그것
을 회막과 제단 사이에 두고 그 속에
물을 담으라
19 아론과 그의 아들들이 그 두멍에서
수족을 씻되
20 그들이 회막에 들어갈 때에 물로 씻어
죽기를 면할 것이요 제단에 가까이 가
서 그 직분을 행하여 여호와 앞에 화
제를 사를 때에도 그리 할지니라
21 이와 같이 그들이 그 수족을 씻어 죽
기를 면할지니 이는 그와 그의 자손
이 대대로 영원히 지킬 규례니라

거룩한 향기름

22 ○ 여호와께서 모세에게 또 말씀하여
이르시되
23 너는 상등 향품을 가지되 액체 몰약
오백 세겔과 그 반수의 향기로운 육
계 이백오십 세겔과 향기로운 창포
이백오십 세겔과
24 계피 오백 세겔을 성소의 세겔로 하
고 감람 기름 한 힌을 가지고
25 그것으로 거룩한 관유를 만들되 향을
제조하는 법대로 향기름을 만들지니

17】

18】

19】

20】

21】

22】

23】

24】

25】

그것이 거룩한 관유가 될지라
26 너는 그것을 회막과 증거궤에 바르고
27 상과 그 모든 기구이며 등잔대와 그
기구이며 분향단과
28 및 번제단과 그 모든 기구와 물두멍
과 그 받침에 발라
29 그것들을 지극히 거룩한 것으로 구별
하라 이것에 접촉하는 것은 모두 거
룩하리라
30 너는 아론과 그의 아들들에게 기름을
발라 그들을 거룩하게 하고 그들이
내게 제사장 직분을 행하게 하고
31 이스라엘 자손에게 말하여 이르기를
이것은 너희 대대로 내게 거룩한 관
유니
32 사람의 몸에 붓지 말며 이 방법대로
이와 같은 것을 만들지 말라 이는 거
룩하니 너희는 거룩히 여기라
33 이와 같은 것을 만드는 모든 자와 이
것을 타인에게 붓는 모든 자는 그 백
성 중에서 끊어지리라 하라

거룩한 향

34 ○ 여호와께서 모세에게 이르시되 너
는 소합향과 나감향과 풍자향의 향품
을 가져다가 그 향품을 유향에 섞되
각기 같은 분량으로 하고
35 그것으로 향을 만들되 향 만드는 법

26】
27】
28】
29】
30】
31】
32】
33】
34】
35】

대로 만들고 그것에 소금을 쳐서 성
결하게 하고
36 그 향 얼마를 곱게 찧어 내가 너와 만
날 회막 안 증거궤 앞에 두라 이 향은
너희에게 지극히 거룩하니라
37 네가 여호와를 위하여 만들 향은 거
룩한 것이니 너희를 위하여는 그 방
법대로 만들지 말라
38 냄새를 맡으려고 이같은 것을 만드는
모든 자는 그 백성 중에서 끊어지리라

36】

37】

38】

회막 기구를 만들게 하라(출 35:30-36:1)

31 1 여호와께서 모세에게 말씀하여 이
르시되
2 내가 유다 지파 훌의 손자요 우리의
아들인 브살렐을 지명하여 부르고
3 하나님의 영을 그에게 충만하게 하여
지혜와 총명과 지식과 여러 가지 재
주로
4 정교한 일을 연구하여 금과 은과 놋
으로 만들게 하며
5 보석을 깎아 물리며 여러 가지 기술
로 나무를 새겨 만들게 하리라
6 내가 또 단 지파 아히사막의 아들 오
홀리압을 세워 그와 함께 하게 하며
지혜로운 마음이 있는 모든 자에게
내가 지혜를 주어 그들이 내가 네게

1】

2】

3】

4】

5】

6】

명령한 것을 다 만들게 할지니
7 곧 회막과 증거궤와 그 위의 속죄소
와 회막의 모든 기구와
8 상과 그 기구와 순금 등잔대와 그 모
든 기구와 분향단과
9 번제단과 그 모든 기구와 물두멍과
그 받침과
10 제사직을 행할 때에 입는 정교하게
짠 의복 곧 제사장 아론의 성의와 그
의 아들들의 옷과
11 관유와 성소의 향기로운 향이라 무릇
내가 네게 명령한 대로 그들이 만들
지니라

안식일

12 ○ 여호와께서 모세에게 말씀하여 이
르시되
13 너는 이스라엘 자손에게 말하여 이
르기를 너희는 나의 안식일을 지키라
이는 나와 너희 사이에 너희 대대의
표징이니 나는 너희를 거룩하게 하는
여호와인 줄 너희가 알게 함이라
14 너희는 안식일을 지킬지니 이는 너희
에게 거룩한 날이 됨이니라 그 날을
더럽히는 자는 모두 죽일지며 그 날
에 일하는 자는 모두 그 백성 중에서
그 생명이 끊어지리라
15 엿새 동안은 일할 것이나 일곱째 날

7】
8】
9】
10】
11】
12】
13】
14】
15】

년 월 일

은 큰 안식일이니 여호와께 거룩한
것이라 안식일에 일하는 자는 누구든
지 반드시 죽일지니라
16 이같이 이스라엘 자손이 안식일을 지 16】
켜서 그것으로 대대로 영원한 언약을
삼을 것이니
17 이는 나와 이스라엘 자손 사이에 영 17】
원한 표징이며 나 여호와가 엿새 동
안에 천지를 창조하고 일곱째 날에
일을 마치고 쉬었음이니라 하라

증거판

18 ○ 여호와께서 시내 산 위에서 모세 18】
에게 이르시기를 마치신 때에 증거판
둘을 모세에게 주시니 이는 돌판이요
하나님이 친히 쓰신 것이더라

금 송아지(신 9:6-29)

32 1 백성이 모세가 산에서 내려옴이 더 1】
딤을 보고 모여 백성이 아론에게
이르러 말하되 일어나라 우리를 위하
여 우리를 인도할 신을 만들라 이 모세
곧 우리를 애굽 땅에서 인도하여 낸 사
람은 어찌 되었는지 알지 못함이니라
2 아론이 그들에게 이르되 너희의 아내 2】
와 자녀의 귀에서 금 고리를 빼어 내
게로 가져오라
3 모든 백성이 그 귀에서 금 고리를 빼 3】

어 아론에게로 가져가매
4 아론이 그들의 손에서 금 고리를 받
아 부어서 조각칼로 새겨 송아지 형
상을 만드니 그들이 말하되 이스라엘
아 이는 너희를 애굽 땅에서 인도하
여 낸 너희의 신이로다 하는지라
5 아론이 보고 그 앞에 제단을 쌓고 이
에 아론이 공포하여 이르되 내일은
여호와의 절일이니라 하니
6 이튿날에 그들이 일찍이 일어나 번
제를 드리며 화목제를 드리고 백성
이 앉아서 먹고 마시며 일어나서 뛰
놀더라
7 ○ 여호와께서 모세에게 이르시되 너
는 내려가라 네가 애굽 땅에서 인도
하여 낸 네 백성이 부패하였도다
8 그들이 내가 그들에게 명령한 길을
속히 떠나 자기를 위하여 송아지를
부어 만들고 그것을 예배하며 그것에
게 제물을 드리며 말하기를 이스라엘
아 이는 너희를 애굽 땅에서 인도하
여 낸 너희 신이라 하였도다
9 여호와께서 또 모세에게 이르시되 내
가 이 백성을 보니 목이 뻣뻣한 백성
이로다
10 그런즉 내가 하는 대로 두라 내가 그
들에게 진노하여 그들을 진멸하고 너

4】

5】

6】

7】

8】

9】

10】

를 큰 나라가 되게 하리라
11 모세가 그의 하나님 여호와께 구하여
이르되 여호와여 어찌하여 그 큰 권능
과 강한 손으로 애굽 땅에서 인도하여
내신 주의 백성에게 진노하시나이까
12 어찌하여 애굽 사람들이 이르기를 여
호와가 자기의 백성을 산에서 죽이고
지면에서 진멸하려는 악한 의도로 인
도해 내었다고 말하게 하시려 하나이
까 주의 맹렬한 노를 그치시고 뜻을
돌이키사 주의 백성에게 이 화를 내
리지 마옵소서
13 주의 종 아브라함과 이삭과 이스라엘
을 기억하소서 주께서 그들을 위하여
주를 가리켜 맹세하여 이르시기를 내
가 너희의 자손을 하늘의 별처럼 많
게 하고 내가 허락한 이 온 땅을 너희
의 자손에게 주어 영원한 기업이 되
게 하리라 하셨나이다
14 여호와께서 뜻을 돌이키사 말씀하신 화
를 그 백성에게 내리지 아니하시니라
15 ○ 모세가 돌이켜 산에서 내려오는데
두 증거판이 그의 손에 있고 그 판의
양면 이쪽 저쪽에 글자가 있으니
16 그 판은 하나님이 만드신 것이요 글
자는 하나님이 쓰셔서 판에 새기신
것이더라

11】

12】

13】

14】

15】

16】

17 여호수아가 백성들의 요란한 소리를
듣고 모세에게 말하되 진중에서 싸우
는 소리가 나나이다
18 모세가 이르되 이는 승전가도 아니요
패하여 부르짖는 소리도 아니라 내가
듣기에는 노래하는 소리로다 하고
19 진에 가까이 이르러 그 송아지와 그
춤 추는 것들을 보고 크게 노하여 손
에서 그 판들을 산 아래로 던져 깨뜨
리니라
20 모세가 그들이 만든 송아지를 가져다
가 불살라 부수어 가루를 만들어 물
에 뿌려 이스라엘 자손에게 마시게
하니라
21 ○ 모세가 아론에게 이르되 이 백성
이 당신에게 어떻게 하였기에 당신이
그들을 큰 죄에 빠지게 하였느냐
22 아론이 이르되 내 주여 노하지 마소서
이 백성의 악함을 당신이 아나이다
23 그들이 내게 말하기를 우리를 위하여
우리를 인도할 신을 만들라 이 모세
곧 우리를 애굽 땅에서 인도하여 낸
사람은 어찌 되었는지 알 수 없노라
하기에
24 내가 그들에게 이르기를 금이 있는
자는 빼내라 한즉 그들이 그것을 내
게로 가져왔기로 내가 불에 던졌더니

17】

18】

19】

20】

21】

22】

23】

24】

이 송아지가 나왔나이다
25 ○ 모세가 본즉 백성이 방자하니 이
는 아론이 그들을 방자하게 하여 원
수에게 조롱거리가 되게 하였음이라
26 이에 모세가 진 문에 서서 이르되 누
구든지 여호와의 편에 있는 자는 내
게로 나아오라 하매 레위 자손이 다
모여 그에게로 가는지라
27 모세가 그들에게 이르되 이스라엘의
하나님 여호와께서 이렇게 말씀하시
기를 너희는 각각 허리에 칼을 차고
진 이 문에서 저 문까지 왕래하며 각
사람이 그 형제를, 각 사람이 자기의
친구를, 각 사람이 자기의 이웃을 죽
이라 하셨느니라
28 레위 자손이 모세의 말대로 행하매
이 날에 백성 중에 삼천 명 가량이 죽
임을 당하니라
29 모세가 이르되 각 사람이 자기의 아
들과 자기의 형제를 쳤으니 오늘 여
호와께 헌신하게 되었느니라 그가 오
늘 너희에게 복을 내리시리라
30 ○ 이튿날 모세가 백성에게 이르되
너희가 큰 죄를 범하였도다 내가 이
제 여호와께로 올라가노니 혹 너희를
위하여 속죄가 될까 하노라 하고
31 모세가 여호와께로 다시 나아가 여짜

25】

26】

27】

28】

29】

30】

31】

오되 슬프도소이다 이 백성이 자기들
을 위하여 금 신을 만들었사오니 큰
죄를 범하였나이다
32 그러나 이제 그들의 죄를 사하시옵소
서 그렇지 아니하시오면 원하건대 주
께서 기록하신 책에서 내 이름을 지
워 버려 주옵소서
33 여호와께서 모세에게 이르시되 누구
든지 내게 범죄하면 내가 내 책에서
그를 지워 버리리라
34 이제 가서 내가 네게 말한 곳으로 백
성을 인도하라 내 사자가 네 앞서 가
리라 그러나 내가 보응할 날에는 그
들의 죄를 보응하리라
35 여호와께서 백성을 치시니 이는 그들
이 아론이 만든 바 그 송아지를 만들
었음이더라

32】

33】

34】

35】

시내 산을 떠나라고 명하시다

33 1 여호와께서 모세에게 이르시되
너는 네가 애굽 땅에서 인도하여
낸 백성과 함께 여기를 떠나서 내가
아브라함과 이삭과 야곱에게 맹세하
여 네 자손에게 주기로 한 그 땅으로
올라가라
2 내가 사자를 너보다 앞서 보내어 가
나안 사람과 아모리 사람과 헷 사람

1】

2】

과 브리스 사람과 히위 사람과 여부
스 사람을 쫓아내고
3 너희를 젖과 꿀이 흐르는 땅에 이르
게 하려니와 나는 너희와 함께 올라
가지 아니하리니 너희는 목이 곧은
백성인즉 내가 길에서 너희를 진멸할
까 염려함이니라 하시니
4 백성이 이 준엄한 말씀을 듣고 슬퍼
하여 한 사람도 자기의 몸을 단장하
지 아니하니
5 여호와께서 모세에게 이르시기를 이
스라엘 자손에게 이르라 너희는 목이
곧은 백성인즉 내가 한 순간이라도
너희 가운데에 이르면 너희를 진멸하
리니 너희는 장신구를 떼어 내라 그
리하면 내가 너희에게 어떻게 할 것
인지 정하겠노라 하셨음이라
6 이스라엘 자손이 호렙 산에서부터 그
들의 장신구를 떼어 내니라

회막
7 ○ 모세가 항상 장막을 취하여 진 밖
에 쳐서 진과 멀리 떠나게 하고 회막
이라 이름하니 여호와를 앙모하는 자
는 다 진 바깥 회막으로 나아가며
8 모세가 회막으로 나아갈 때에는 백성
이 다 일어나 자기 장막 문에 서서 모
세가 회막에 들어가기까지 바라보며

9 모세가 회막에 들어갈 때에 구름 기
둥이 내려 회막 문에 서며 여호와께
서 모세와 말씀하시니
10 모든 백성이 회막 문에 구름 기둥이
서 있는 것을 보고 다 일어나 각기 장
막 문에 서서 예배하며
11 사람이 자기의 친구와 이야기함 같이
여호와께서는 모세와 대면하여 말씀
하시며 모세는 진으로 돌아오나 눈의
아들 젊은 수종자 여호수아는 회막을
떠나지 아니하니라

여호와께서 친히 가리라 하시다

12 ○ 모세가 여호와께 아뢰되 보시옵소
서 주께서 내게 이 백성을 인도하여
올라가라 하시면서 나와 함께 보낼
자를 내게 지시하지 아니하시나이다
주께서 전에 말씀하시기를 나는 이름
으로도 너를 알고 너도 내 앞에 은총
을 입었다 하셨사온즉
13 내가 참으로 주의 목전에 은총을 입
었사오면 원하건대 주의 길을 내게
보이사 내게 주를 알리시고 나로 주
의 목전에 은총을 입게 하시며 이 족
속을 주의 백성으로 여기소서
14 여호와께서 이르시되 내가 친히 가리
라 내가 너를 쉬게 하리라
15 모세가 여호와께 아뢰되 주께서 친히

9】

10】

11】

12】

13】

14】

15】

가지 아니하시려거든 우리를 이 곳에
서 올려 보내지 마옵소서
16 나와 주의 백성이 주의 목전에 은총
입은 줄을 무엇으로 알리이까 주께
서 우리와 함께 행하심으로 나와 주
의 백성을 천하 만민 중에 구별하심
이 아니니이까
17 ○ 여호와께서 모세에게 이르시되 네
가 말하는 이 일도 내가 하리니 너는
내 목전에 은총을 입었고 내가 이름
으로도 너를 앎이니라
18 모세가 이르되 원하건대 주의 영광을
내게 보이소서
19 여호와께서 이르시되 내가 내 모든
선한 것을 네 앞으로 지나가게 하고
여호와의 이름을 네 앞에 선포하리라
나는 은혜 베풀 자에게 은혜를 베풀
고 긍휼히 여길 자에게 긍휼을 베푸
느니라
20 또 이르시되 네가 내 얼굴을 보지 못하
리니 나를 보고 살 자가 없음이니라
21 여호와께서 또 이르시기를 보라 내
곁에 한 장소가 있으니 너는 그 반석
위에 서라
22 내 영광이 지나갈 때에 내가 너를 반
석 틈에 두고 내가 지나도록 내 손으
로 너를 덮었다가

16】

17】

18】

19】

20】

21】

22】

23 손을 거두리니 네가 내 등을 볼 것이
요 얼굴은 보지 못하리라

23】

두 번째 돌판(신 10:1-5)

34 1 여호와께서 모세에게 이르시되 너
는 돌판 둘을 처음 것과 같이 다듬
어 만들라 네가 깨뜨린 처음 판에 있
던 말을 내가 그 판에 쓰리니
2 아침까지 준비하고 아침에 시내 산에
올라와 산 꼭대기에서 내게 보이되
3 아무도 너와 함께 오르지 말며 온 산
에 아무도 나타나지 못하게 하고 양
과 소도 산 앞에서 먹지 못하게 하라
4 모세가 돌판 둘을 처음 것과 같이 깎
아 만들고 아침에 일찍이 일어나 그
두 돌판을 손에 들고 여호와의 명령
대로 시내 산에 올라가니
5 여호와께서 구름 가운데에 강림하사
그와 함께 거기 서서 여호와의 이름
을 선포하실새
6 여호와께서 그의 앞으로 지나시며 선
포하시되 여호와라 여호와라 자비롭
고 은혜롭고 노하기를 더디하고 인자
와 진실이 많은 하나님이라
7 인자를 천대까지 베풀며 악과 과실과
죄를 용서하리라 그러나 벌을 면제하
지는 아니하고 아버지의 악행을 자손

1】

2】

3】

4】

5】

6】

7】

삼사 대까지 보응하리라
8 모세가 급히 땅에 엎드려 경배하며
9 이르되 주여 내가 주께 은총을 입었
거든 원하건대 주는 우리와 동행하옵
소서 이는 목이 뻣뻣한 백성이니이다
우리의 악과 죄를 사하시고 우리를
주의 기업으로 삼으소서

다시 언약을 세우시다
(출 23:14-19; 신 7:1-5; 16:1-17)

10 ○ 여호와께서 이르시되 보라 내가
언약을 세우나니 곧 내가 아직 온 땅
아무 국민에게도 행하지 아니한 이적
을 너희 전체 백성 앞에 행할 것이라
네가 머무는 나라 백성이 다 여호와
의 행하심을 보리니 내가 너를 위하
여 행할 일이 두려운 것임이니라
11 너는 내가 오늘 네게 명령하는 것을
삼가 지키라 보라 내가 네 앞에서 아
모리 사람과 가나안 사람과 헷 사람
과 브리스 사람과 히위 사람과 여부
스 사람을 쫓아내리니
12 너는 스스로 삼가 네가 들어가는 땅
의 주민과 언약을 세우지 말라 그것
이 너희에게 올무가 될까 하노라
13 너희는 도리어 그들의 제단들을 헐고
그들의 주상을 깨뜨리고 그들의 아세
라 상을 찍을지어다
14 너는 다른 신에게 절하지 말라 여호

와는 질투라 이름하는 질투의 하나님
임이니라
15 너는 삼가 그 땅의 주민과 언약을 세
우지 말지니 이는 그들이 모든 신을
음란하게 섬기며 그들의 신들에게 제
물을 드리고 너를 청하면 네가 그 제
물을 먹을까 함이며
16 또 네가 그들의 딸들을 네 아들들의
아내로 삼음으로 그들의 딸들이 그들
의 신들을 음란하게 섬기며 네 아들
에게 그들의 신들을 음란하게 섬기게
할까 함이니라
17 너는 신상들을 부어 만들지 말지니라
18 ○ 너는 무교절을 지키되 내가 네게
명령한 대로 아빕월 그 절기에 이레
동안 무교병을 먹으라 이는 네가 아
빕월에 애굽에서 나왔음이니라
19 모든 첫 태생은 다 내 것이며 네 가축
의 모든 처음 난 수컷인 소와 양도 다
그러하며
20 나귀의 첫 새끼는 어린 양으로 대속
할 것이요 그렇게 하지 아니하려면
그 목을 꺾을 것이며 네 아들 중 장자
는 다 대속할지며 빈 손으로 내 얼굴
을 보지 말지니라
21 ○ 너는 엿새 동안 일하고 일곱째 날
에는 쉴지니 밭 갈 때에나 거둘 때에

도 쉴지며
22 칠칠절 곧 맥추의 초실절을 지키고
세말에는 수장절을 지키라
23 너희의 모든 남자는 매년 세 번씩 주
여호와 이스라엘의 하나님 앞에 보일
지라
24 내가 이방 나라들을 네 앞에서 쫓아
내고 네 지경을 넓히리니 네가 매년
세 번씩 여호와 네 하나님을 뵈려고
올 때에 아무도 네 땅을 탐내지 못하
리라
25 ○ 너는 내 제물의 피를 유교병과 함
께 드리지 말며 유월절 제물을 아침
까지 두지 말지며
26 네 토지 소산의 처음 익은 것을 가져
다가 네 하나님 여호와의 전에 드릴
지며 너는 염소 새끼를 그 어미의 젖
으로 삶지 말지니라
27 ○ 여호와께서 모세에게 이르시되 너
는 이 말들을 기록하라 내가 이 말들
의 뜻대로 너와 이스라엘과 언약을
세웠음이니라 하시니라
28 모세가 여호와와 함께 사십 일 사십
야를 거기 있으면서 떡도 먹지 아니
하였고 물도 마시지 아니하였으며 여
호와께서는 언약의 말씀 곧 십계명을
그 판들에 기록하셨더라

22】

23】

24】

25】

26】

27】

28】

모세가 시내 산에서 내려오다

29 ○ 모세가 그 증거의 두 판을 모세의
손에 들고 시내 산에서 내려오니 그
산에서 내려올 때에 모세는 자기가
여호와와 말하였음으로 말미암아 얼
굴 피부에 광채가 나나 깨닫지 못하
였더라
30 아론과 온 이스라엘 자손이 모세를
볼 때에 모세의 얼굴 피부에 광채가
남을 보고 그에게 가까이 하기를 두
려워하더니
31 모세가 그들을 부르매 아론과 회중의
모든 어른이 모세에게로 오고 모세가
그들과 말하니
32 그 후에야 온 이스라엘 자손이 가까
이 오는지라 모세가 여호와께서 시내
산에서 자기에게 이르신 말씀을 다
그들에게 명령하고
33 모세가 그들에게 말하기를 마치고 수
건으로 자기 얼굴을 가렸더라
34 그러나 모세가 여호와 앞에 들어가서
함께 말할 때에는 나오기까지 수건을
벗고 있다가 나와서는 그 명령하신
일을 이스라엘 자손에게 전하며
35 이스라엘 자손이 모세의 얼굴의 광
채를 보므로 모세가 여호와께 말하러
들어가기까지 다시 수건으로 자기 얼

29】

30】

31】

32】

33】

34】

35】

굴을 가렸더라

안식일 규례

35
1 모세가 이스라엘 자손의 온 회중
을 모으고 그들에게 이르되 여호
와께서 너희에게 명령하사 행하게 하
신 말씀이 이러하니라
2 엿새 동안은 일하고 일곱째 날은 너
희를 위한 거룩한 날이니 여호와께
엄숙한 안식일이라 누구든지 이 날에
일하는 자는 죽일지니
3 안식일에는 너희의 모든 처소에서 불
도 피우지 말지니라

여호와께 드릴 것들(출 25:1-9)

4 ○ 모세가 이스라엘 자손의 온 회중
에게 말하여 이르되 여호와께서 명령
하신 일이 이러하니라 이르시기를
5 너희의 소유 중에서 너희는 여호와께
드릴 것을 택하되 마음에 원하는 자
는 누구든지 그것을 가져다가 여호와
께 드릴지니 곧 금과 은과 놋과
6 청색 자색 홍색 실과 가는 베 실과 염
소 털과
7 붉은 물 들인 숫양의 가죽과 해달의
가죽과 조각목과
8 등유와 및 관유에 드는 향품과 분향
할 향을 만드는 향품과

1】
2】
3】
4】
5】
6】
7】
8】

9 호마노며 에봇과 흉패에 물릴 보석이
니라
10 ○ 무릇 너희 중 마음이 지혜로운 자
는 와서 여호와께서 명령하신 것을
다 만들지니
11 곧 성막과 천막과 그 덮개와 그 갈고
리와 그 널판과 그 띠와 그 기둥과 그
받침과
12 증거궤와 그 채와 속죄소와 그 가리
는 휘장과
13 상과 그 채와 그 모든 기구와 진설병과
14 불 켜는 등잔대와 그 기구와 그 등잔
과 등유와
15 분향단과 그 채와 관유와 분향할 향
품과 성막 문의 휘장과
16 번제단과 그 놋 그물과 그 채와 그 모
든 기구와 물두멍과 그 받침과
17 뜰의 포장과 그 기둥과 그 받침과 뜰
문의 휘장과
18 장막 말뚝과 뜰의 말뚝과 그 줄과
19 성소에서 섬기기 위하여 정교하게 만
든 옷 곧 제사장 직분을 행할 때에 입는
제사장 아론의 거룩한 옷과 그의 아
들들의 옷이니라

여호와께 자원하여 드린 예물

20 ○ 이스라엘 자손의 온 회중이 모세
앞에서 물러갔더니

9】
10】
11】
12】
13】
14】
15】
16】
17】
18】
19】
20】

21 마음이 감동된 모든 자와 자원하는
모든 자가 와서 회막을 짓기 위하여
그 속에서 쓸 모든 것을 위하여, 거룩
한 옷을 위하여 예물을 가져다가 여
호와께 드렸으니
22 곧 마음에 원하는 남녀가 와서 팔찌
와 귀고리와 가락지와 목걸이와 여러
가지 금품을 가져다가 사람마다 여호
와께 금 예물을 드렸으며
23 무릇 청색 자색 홍색 실과 가는 베 실
과 염소 털과 붉은 물 들인 숫양의 가
죽과 해달의 가죽이 있는 자도 가져
왔으며
24 은과 놋으로 예물을 삼는 모든 자가
가져다가 여호와께 드렸으며 섬기는
일에 소용되는 조각목이 있는 모든
자는 가져왔으며
25 마음이 슬기로운 모든 여인은 손수
실을 빼고 그 뺀 청색 자색 홍색 실과
가는 베 실을 가져왔으며
26 마음에 감동을 받아 슬기로운 모든
여인은 염소 털로 실을 뽑았으며
27 모든 족장은 호마노와 및 에봇과 흉
패에 물릴 보석을 가져왔으며
28 등불과 관유와 분향할 향에 소용되는
기름과 향품을 가져왔으니
29 마음에 자원하는 남녀는 누구나 여

21】

22】

23】

24】

25】

26】

27】

28】

29】

호와께서 모세의 손을 빌어 명령하
신 모든 것을 만들기 위하여 물품
을 드렸으니 이것이 이스라엘 자손
이 여호와께 자원하여 드린 예물이
니라

성막 일꾼(출 31:1-11)

30 ○ 모세가 이스라엘 자손에게 이르되
볼지어다 여호와께서 유다 지파 훌의
손자요 우리의 아들인 브살렐을 지명
하여 부르시고
31 하나님의 영을 그에게 충만하게 하여
지혜와 총명과 지식으로 여러 가지
일을 하게 하시되
32 금과 은과 놋으로 제작하는 기술을
고안하게 하시며
33 보석을 깎아 물리며 나무를 새기는
여러 가지 정교한 일을 하게 하셨고
34 또 그와 단 지파 아히사막의 아들 오
홀리압을 감동시키사 가르치게 하
시며
35 지혜로운 마음을 그들에게 충만하게
하사 여러 가지 일을 하게 하시되 조
각하는 일과 세공하는 일과 청색 자색
홍색 실과 가는 베 실로 수 놓는 일과
짜는 일과 그 외에 여러 가지 일을 하
게 하시고 정교한 일을 고안하게 하셨
느니라

30】

31】

32】

33】

34】

35】

36

1 브살렐과 오홀리압과 및 마음이
지혜로운 사람 곧 여호와께서 지혜
와 총명을 부으사 성소에 쓸 모든 일
을 할 줄 알게 하신 자들은 모두 여호
와께서 명령하신 대로 할 것이니라

예물로 드린 재료가 넉넉하다

2 ○ 모세가 브살렐과 오홀리압과 및
마음이 지혜로운 사람 곧 그 마음에
여호와께로부터 지혜를 얻고 와서 그
일을 하려고 마음에 원하는 모든 자
를 부르매
3 그들이 이스라엘 자손의 성소의 모
든 것을 만들기 위하여 가져온 예물
을 모세에게서 받으니라 그러나 백성
이 아침마다 자원하는 예물을 연하여
가져왔으므로
4 성소의 모든 일을 하는 지혜로운 자
들이 각기 하는 일을 중지하고 와서
5 모세에게 말하여 이르되 백성이 너무
많이 가져오므로 여호와께서 명령하
신 일에 쓰기에 남음이 있나이다
6 모세가 명령을 내리매 그들이 진중에
공포하여 이르되 남녀를 막론하고 성
소에 드릴 예물을 다시 만들지 말라
하매 백성이 가져오기를 그치니
7 있는 재료가 모든 일을 하기에 넉넉
하여 남음이 있었더라

1】

2】

3】

4】

5】

6】

7】

성막을 만들다(출 26:1-37)

8 ○ 일하는 사람 중에 마음이 지혜로
운 모든 사람이 열 폭 휘장으로 성막
을 지었으니 곧 가늘게 꼰 베 실과 청
색 자색 홍색 실로 그룹들을 무늬 놓
아 짜서 지은 것이라
9 매 폭의 길이는 스물여덟 규빗, 너비
는 네 규빗으로 각 폭의 장단을 같게
하여
10 그 다섯 폭을 서로 연결하며 또 그 다
섯 폭을 서로 연결하고
11 연결할 끝폭 가에 청색 고를 만들며 다
른 연결할 끝폭 가에도 고를 만들되
12 그 연결할 한 폭에 고리 쉰 개를 달고
다른 연결할 한 폭의 가에도 고리 쉰 개
를 달아 그 고들이 서로 대하게 하고
13 금 갈고리 쉰 개를 만들어 그 갈고리
로 두 휘장을 연결하여 한 막을 이루
었더라
14 ○ 그 성막을 덮는 막 곧 휘장을 염소
털로 만들되 열한 폭을 만들었으니
15 각 폭의 길이는 서른 규빗, 너비는 네
규빗으로 열한 폭의 장단을 같게 하여
16 그 휘장 다섯 폭을 서로 연결하며 또
여섯 폭을 서로 연결하고
17 휘장을 연결할 끝폭 가에 고리 쉰 개
를 달며 다른 연결할 끝폭 가에도 고

8】

9】

10】

11】

12】

13】

14】

15】

16】

17】

리 쉰 개를 달고

18 놋 갈고리 쉰 개를 만들어 그 휘장을 연결하여 한 막이 되게 하고

19 붉은 물 들인 숫양의 가죽으로 막의 덮개를 만들고 해달의 가죽으로 그 웃덮개를 만들었더라

20 ○ 그가 또 조각목으로 성막에 세울 널판들을 만들었으니

21 각 판의 길이는 열 규빗, 너비는 한 규빗 반이며

22 각 판에 두 촉이 있어 서로 연결하게 하였으니 성막의 모든 판이 그러하며

23 성막을 위하여 널판을 만들었으되 남으로는 남쪽에 널판이 스무 개라

24 그 스무 개 널판 밑에 은 받침 마흔 개를 만들었으되 곧 이 널판 밑에도 두 받침이 그 두 촉을 받게 하였고 저 널판 밑에도 두 받침이 그 두 촉을 받게 하였으며

25 성막 다른 쪽 곧 북쪽을 위하여도 널판 스무 개를 만들고

26 또 은 받침 마흔 개를 만들었으니 곧 이 판 밑에도 받침이 둘이요 저 판 밑에도 받침이 둘이며

27 장막 뒤 곧 서쪽을 위하여는 널판 여섯 개를 만들었고

28 장막 뒤 두 모퉁이 편을 위하여는 널

18】

19】

20】

21】

22】

23】

24】

25】

26】

27】

28】

판 두 개를 만들되
29 아래에서부터 위까지 각기 두 겹 두
께로 하여 윗고리에 이르게 하고 두
모퉁이 쪽을 다 그리하며
30 그 널판은 여덟 개요 그 받침은 은 받
침 열여섯 개라 각 널판 밑에 두 개씩
이었더라
31 ○ 그가 또 조각목으로 띠를 만들었으
니 곧 성막 이쪽 널판을 위하여 다섯
개요
32 성막 저쪽 널판을 위하여 다섯 개요
성막 뒤 곧 서쪽 널판을 위하여 다섯
개며
33 그 중간 띠를 만들되 널판 중간 이 끝
에서 저 끝에 미치게 하였으며
34 그 널판들을 금으로 싸고 그 널판에
띠를 꿸 금 고리를 만들고 그 띠도 금
으로 쌌더라
35 ○ 그가 또 청색 자색 홍색 실과 가늘
게 꼰 베 실로 휘장을 짜고 그 위에 그
룹들을 정교하게 수 놓고
36 조각목으로 네 기둥을 만들어 금으로
쌌으며 그 갈고리는 금으로 기둥의
네 받침은 은으로 부어 만들었으며
37 청색 자색 홍색 실과 가늘게 꼰 베 실
로 수 놓아 장막 문을 위하여 휘장을
만들고

29】

30】

31】

32】

33】

34】

35】

36】

37】

38 휘장 문의 기둥 다섯과 그 갈고리를
만들고 기둥 머리와 그 가름대를 금
으로 쌌으며 그 다섯 받침은 놋이었
더라

38】

언약궤를 만들다(출 25:10-22)

37

1 브살렐이 조각목으로 궤를 만들었
으니 길이가 두 규빗 반, 너비가 한
규빗 반, 높이가 한 규빗 반이며
2 순금으로 안팎을 싸고 위쪽 가장자리
로 돌아가며 금 테를 만들었으며
3 금 고리 넷을 부어 만들어 네 발에 달
았으니 곧 이쪽에 두 고리요 저쪽에
두 고리이며
4 조각목으로 채를 만들어 금으로 싸고
5 그 채를 궤 양쪽 고리에 꿰어 궤를 메
게 하였으며
6 순금으로 속죄소를 만들었으니 길이
가 두 규빗 반, 너비가 한 규빗 반이며
7 금으로 그룹 둘을 속죄소 양쪽에 쳐
서 만들었으되
8 한 그룹은 이쪽 끝에, 한 그룹은 저쪽
끝에 곧 속죄소와 한 덩이로 그 양쪽
에 만들었으니
9 그룹들이 그 날개를 높이 펴서 그 날
개로 속죄소를 덮었으며 그 얼굴은
서로 대하여 속죄소를 향하였더라

1】

2】

3】

4】

5】

6】

7】

8】

9】

상을 만들다(출 25:23-30)

10 ○ 그가 또 조각목으로 상을 만들었
으니 길이가 두 규빗, 너비가 한 규빗,
높이가 한 규빗 반이며
11 순금으로 싸고 위쪽 가장자리로 돌아
가며 금 테를 둘렀으며
12 그 주위에 손바닥 넓이만한 턱을 만
들고 그 턱 주위에 금으로 테를 만들
었고
13 상을 위하여 금 고리 넷을 부어 만들
어 네 발 위, 네 모퉁이에 달았으니
14 그 고리가 턱 곁에 있어서 상을 메는
채를 꿰게 하였으며
15 또 조각목으로 상 멜 채를 만들어 금
으로 쌌으며
16 상 위의 기구 곧 대접과 숟가락과 잔
과 따르는 병을 순금으로 만들었더라

등잔대를 만들다(출 25:31-40)

17 ○ 그가 또 순금으로 등잔대를 만들
되 그것을 쳐서 만들었으니 그 밑판
과 줄기와 잔과 꽃받침과 꽃이 그것
과 한 덩이로 되었고
18 가지 여섯이 그 곁에서 나왔으니 곧 등
잔대의 세 가지는 저쪽으로 나왔고 등
잔대의 세 가지는 이쪽으로 나왔으며
19 이쪽 가지에 살구꽃 형상의 잔 셋과
꽃받침과 꽃이 있고 저쪽 가지에 살

10】

11】

12】

13】

14】

15】

16】

17】

18】

19】

구꽃 형상의 잔 셋과 꽃받침과 꽃이
있어 등잔대에서 나온 가지 여섯이
그러하며
20 등잔대 줄기에는 살구꽃 형상의 잔
넷과 꽃받침과 꽃이 있고
21 등잔대에서 나온 가지 여섯을 위하여
는 꽃받침이 있게 하였으되 두 가지
아래에 한 꽃받침이 있어 줄기와 연
결하였고 또 두 가지 아래에 한 꽃받
침이 있어 줄기와 연결하였고 또 다
시 두 가지 아래에 한 꽃받침이 있어
줄기와 연결되게 하였으니
22 이 꽃받침과 가지들을 줄기와 연결하
여 전부를 순금으로 쳐서 만들었으며
23 등잔 일곱과 그 불 집게와 불 똥 그릇
을 순금으로 만들었으니
24 등잔대와 그 모든 기구는 순금 한 달
란트로 만들었더라

분향할 제단을 만들다(출 30:1-5; 30:22-38)

25 ○ 그가 또 조각목으로 분향할 제단
을 만들었으니 길이는 한 규빗이요
너비도 한 규빗이라 네모가 반듯하고
높이는 두 규빗이며 그 뿔들이 제단
과 연결되었으며
26 제단 상면과 전후 좌우면과 그 뿔을 순
금으로 싸고 주위에 금 테를 둘렀고
27 그 테 아래 양쪽에 금 고리 둘을 만들

20】

21】

22】

23】

24】

25】

26】

27】

었으되 곧 그 양쪽에 만들어 제단을
메는 채를 꿰게 하였으며
28 조각목으로 그 채를 만들어 금으로
쌌으며
29 거룩한 관유와 향품으로 정결한 향을
만들었으되 향을 만드는 법대로 하였
더라

28】

29】

번제단을 만들다(출 27:1-8)

38 1 그가 또 조각목으로 번제단을 만
들었으니 길이는 다섯 규빗이요
너비도 다섯 규빗이라 네모가 반듯하
고 높이는 세 규빗이며
2 그 네 모퉁이 위에 그 뿔을 만들되 그
뿔을 제단과 연결하게 하고 제단을
놋으로 쌌으며
3 제단의 모든 기구 곧 통과 부삽과 대
야와 고기 갈고리와 불 옮기는 그릇
을 다 놋으로 만들고
4 제단을 위하여 놋 그물을 만들어 제
단 주위 가장자리 아래에 두되 제단
절반에 오르게 하고
5 그 놋 그물 네 모퉁이에 채를 꿸 고리
넷을 부어 만들었으며
6 채를 조각목으로 만들어 놋으로 싸고
7 제단 양쪽 고리에 그 채를 꿰어 메게
하였으며 제단은 널판으로 속이 비게

1】

2】

3】

4】

5】

6】

7】

만들었더라

녻 물두멍을 만들다(출 30:18)

8 ○ 그가 놋으로 물두멍을 만들고 그
받침도 놋으로 하였으니 곧 회막 문
에서 수종드는 여인들의 거울로 만들
었더라

8】

성막 울타리를 만들다(출 27:9-19)

9 ○ 그가 또 뜰을 만들었으니 남으로
뜰의 남쪽에는 세마포 포장이 백 규
빗이라
10 그 기둥이 스물이며 그 받침이 스물
이니 놋이요 기둥의 갈고리와 가름대
는 은이며
11 그 북쪽에도 백 규빗이라 그 기둥이
스물이며 그 받침이 스물이니 놋이요
기둥의 갈고리와 가름대는 은이며
12 서쪽에 포장은 쉰 규빗이라 그 기둥
이 열이요 받침이 열이며 기둥의 갈
고리와 가름대는 은이며
13 동으로 동쪽에도 쉰 규빗이라
14 문 이쪽의 포장이 열다섯 규빗이요
그 기둥이 셋이요 받침이 셋이며
15 문 저쪽도 그와 같으니 뜰 문 이쪽,
저쪽의 포장이 열다섯 규빗씩이요 그
기둥이 셋씩, 받침이 셋씩이라
16 뜰 주위의 포장은 세마포요
17 기둥 받침은 놋이요 기둥의 갈고리

9】
10】
11】
12】
13】
14】
15】
16】
17】

와 가름대는 은이요 기둥 머리 싸개
는 은이며 뜰의 모든 기둥에 은 가름
대를 꿰었으며
18 뜰의 휘장 문을 청색 자색 홍색 실과
가늘게 꼰 베 실로 수 놓아 짰으니 길
이는 스무 규빗이요 너비와 높이는
뜰의 포장과 같이 다섯 규빗이며
19 그 기둥은 넷인데 그 받침 넷은 놋이
요 그 갈고리는 은이요 그 머리 싸개
와 가름대도 은이며
20 성막 말뚝과 뜰 주위의 말뚝은 모두
놋이더라

성막 재료의 물자 목록

21 ○ 성막 곧 증거막을 위하여 레위 사
람이 쓴 재료의 물목은 제사장 아론
의 아들 이다말이 모세의 명령대로
계산하였으며
22 유다 지파 훌의 손자요 우리의 아들
인 브살렐은 여호와께서 모세에게 명
령하신 모든 것을 만들었고
23 단 지파 아히사막의 아들 오홀리압이
그와 함께 하였으니 오홀리압은 재능
이 있어서 조각하며 또 청색 자색 홍
색 실과 가는 베 실로 수 놓은 자더라
24 ○ 성소 건축 비용으로 들인 금은 성
소의 세겔로 스물아홉 달란트와 칠백
삼십 세겔이며

18】
19】
20】
21】
22】
23】
24】

25 계수된 회중이 드린 은은 성소의 세
겔로 백 달란트와 천칠백칠십오 세겔
이니
26 계수된 자가 이십 세 이상으로 육십
만 삼천오백오십 명인즉 성소의 세겔
로 각 사람에게 은 한 베가 곧 반 세
겔씩이라
27 은 백 달란트로 성소의 받침과 휘장
문의 기둥 받침을 모두 백 개를 부어
만들었으니 각 받침마다 한 달란트씩
모두 백 달란트요
28 천칠백칠십오 세겔로 기둥 갈고리를
만들고 기둥 머리를 싸고 기둥 가름
대를 만들었으며
29 드린 놋은 칠십 달란트와 이천사백
세겔이라
30 이것으로 회막 문 기둥 받침과 놋 제
단과 놋 그물과 제단의 모든 기구를
만들었으며
31 뜰 주위의 기둥 받침과 그 휘장 문의
기둥 받침이며 성막의 모든 말뚝과
뜰 주위의 모든 말뚝을 만들었더라

25】

26】

27】

28】

29】

30】

31】

제사장의 옷을 만들다(출 28:1-14)

39 1 그들은 여호와께서 모세에게 명령
하신 대로 청색 자색 홍색 실로 성
소에서 섬길 때 입을 정교한 옷을 만

1】

들고 또 아론을 위해 거룩한 옷을 만
들었더라
2 ○ 그는 또 금 실과 청색 자색 홍색
실과 가늘게 꼰 베 실로 에봇을 만들
었으되
3 금을 얇게 쳐서 오려서 실을 만들어
청색 자색 홍색 실과 가는 베 실에 섞
어 정교하게 짜고
4 에봇에는 어깨받이를 만들어 그 두
끝에 달아 서로 연결되게 하고
5 에봇 위에 에봇을 매는 띠를 에봇과
같은 모양으로 금 실과 청색 자색 홍
색 실과 가늘게 꼰 베 실로 에봇에 붙
여 짰으니 여호와께서 모세에게 명령
하신 대로 하였더라
6 ○ 그들은 또 호마노를 깎아 금 테에
물려 도장을 새김 같이 이스라엘의
아들들의 이름을 그것에 새겨
7 에봇 어깨받이에 달아 이스라엘의 아
들들을 기념하는 보석을 삼았으니 여
호와께서 모세에게 명령하신 대로 하
였더라

흉패를 짜다(출 28:15-30)

8 ○ 그가 또 흉패를 정교하게 짜되 에
봇과 같은 모양으로 금 실과 청색 자
색 홍색 실과 가늘게 꼰 베 실로 하였
으니

2】

3】

4】

5】

6】

7】

8】

9 그것의 길이가 한 뼘, 너비가 한 뼘으
로 네 모가 반듯하고 두 겹이며
10 그것에 네 줄 보석을 물렸으니 곧 홍
보석 황옥 녹주옥이 첫 줄이요
11 둘째 줄은 석류석 남보석 홍마노요
12 셋째 줄은 호박 백마노 자수정이요
13 넷째 줄은 녹보석 호마노 벽옥이라
다 금 테에 물렸으니
14 이 보석들은 이스라엘의 아들들의 이
름 곧 그들의 이름대로 열둘이라 도
장을 새김 같이 그 열두 지파의 각 이
름을 새겼으며
15 그들이 또 순금으로 노끈처럼 사슬을
땋아 흉패에 붙이고
16 또 금 테 둘과 금 고리 둘을 만들어 그
두 고리를 흉패 두 끝에 달고
17 그 땋은 두 금 사슬을 흉패 끝 두 고리
에 꿰매었으며
18 그 땋은 두 사슬의 다른 두 끝을 에봇
앞 두 어깨받이의 금 테에 매고
19 또 금 고리 둘을 만들어 흉패 두 끝에
달았으니 곧 그 에봇을 마주한 안쪽
가장자리에 달았으며
20 또 금 고리 둘을 만들어 에봇 앞 두 어
깨받이 아래 매는 자리 가까운 쪽 곧
정교하게 짠 에봇 띠 위쪽에 달고
21 청색 끈으로 흉패 고리와 에봇 고리

9】
10】
11】
12】
13】
14】
15】
16】
17】
18】
19】
20】
21】

에 꿰어 흉패로 정교하게 짠 에봇 띠
위에 붙여서 에봇에서 벗어지지 않게
하였으니 여호와께서 모세에게 명령
하신 대로 하였더라

제사장의 또 다른 옷을 만들다(출 28:31-34)

22 ○ 그가 에봇 받침 긴 옷을 전부 청색
으로 짜서 만들되
23 그 옷의 두 어깨 사이에 구멍을 내고
갑옷 깃 같이 그 구멍 주위에 깃을 짜
서 찢어지지 않게 하고
24 청색 자색 홍색 실과 가는 베 실로 그
옷 가장자리에 석류를 수 놓고
25 순금으로 방울을 만들어 그 옷 가장자
리로 돌아가며 석류 사이사이에 달되
26 방울과 석류를 서로 간격을 두고 번
갈아 그 옷 가장자리로 돌아가며 달
았으니 여호와께서 모세에게 명령하
신 대로 하였더라
27 ○ 그들이 또 직조한 가는 베로 아론과
그의 아들들을 위하여 속옷을 짓고
28 세마포로 두건을 짓고 세마포로 빛난
관을 만들고 가는 베 실로 짜서 세마
포 속바지들을 만들고
29 가는 베 실과 청색 자색 홍색 실로 수
놓아 띠를 만들었으니 여호와께서 모
세에게 명령하신 대로 하였더라
30 ○ 그들이 또 순금으로 거룩한 패를

22】
23】
24】
25】
26】
27】
28】
29】
30】

만들고 도장을 새김 같이 그 위에 '여
호와께 성결'이라 새기고
31 그 패를 청색 끈으로 관 전면에 달았
으니 여호와께서 모세에게 명령하신
대로 하였더라

성막의 모든 역사를 마치다(출 35:10-19)

32 ○ 이스라엘 자손이 이와 같이 성막
곧 회막의 모든 역사를 마치되 여호
와께서 모세에게 명령하신 대로 다
행하고
33 그들이 성막을 모세에게로 가져왔으
니 곧 막과 그 모든 기구와 그 갈고리
들과 그 널판들과 그 띠들과 그 기둥
들과 그 받침들과
34 붉은 물을 들인 숫양의 가죽 덮개와
해달의 가죽 덮개와 가리는 휘장과
35 증거궤와 그 채들과 속죄소와
36 상과 그 모든 기구와 진설병과
37 순금 등잔대와 그 잔 곧 벌여놓는 등
잔대와 그 모든 기구와 등유와
38 금 제단과 관유와 향기로운 향과 장
막 휘장 문과
39 놋 제단과 그 놋 그물과 그 채들과 그
모든 기구와 물두멍과 그 받침과
40 뜰의 포장들과 그 기둥들과 그 받침
들과 뜰 문의 휘장과 그 줄들과 그 말
뚝들과 성막 곧 회막에서 사용할 모

31】
32】
33】
34】
35】
36】
37】
38】
39】
40】

든 기구와
41 성소에서 섬기기 위한 정교한 옷 곧
제사 직분을 행할 때에 입는 제사장
아론의 거룩한 옷과 그의 아들들의
옷이라
42 여호와께서 모세에게 명령하신 대로
이스라엘 자손이 모든 역사를 마치매
43 모세가 그 마친 모든 것을 본즉 여호
와께서 명령하신 대로 되었으므로 모
세가 그들에게 축복하였더라

41】
42】
43】

성막 봉헌

40
1 여호와께서 모세에게 말씀하여 이
르시되
2 너는 첫째 달 초하루에 성막 곧 회막
을 세우고
3 또 증거궤를 들여놓고 또 휘장으로
그 궤를 가리고
4 또 상을 들여놓고 그 위에 물품을 진
설하고 등잔대를 들여놓아 불을 켜고
5 또 금 향단을 증거궤 앞에 두고 성막
문에 휘장을 달고
6 또 번제단을 회막의 성막 문 앞에
놓고
7 또 물두멍을 회막과 제단 사이에 놓
고 그 속에 물을 담고
8 또 뜰 주위에 포장을 치고 뜰 문에 휘

1】
2】
3】
4】
5】
6】
7】
8】

장을 달고
9 또 관유를 가져다가 성막과 그 안에
있는 모든 것에 발라 그것과 그 모든
기구를 거룩하게 하라 그것이 거룩하
리라
10 너는 또 번제단과 그 모든 기구에 발
라 그 안을 거룩하게 하라 그 제단이
지극히 거룩하리라
11 너는 또 물두멍과 그 받침에 발라 거
룩하게 하고
12 너는 또 아론과 그 아들들을 회막 문
으로 데려다가 물로 씻기고
13 아론에게 거룩한 옷을 입히고 그에게
기름을 부어 거룩하게 하여 그가 내
게 제사장의 직분을 행하게 하라
14 너는 또 그 아들들을 데려다가 그들
에게 겉옷을 입히고
15 그 아버지에게 기름을 부음 같이 그
들에게도 부어서 그들이 내게 제사장
의 직분을 행하게 하라 그들이 기름
부음을 받았은즉 대대로 영영히 제사
장이 되리라 하시매
16 모세가 그같이 행하되 곧 여호와께
서 자기에게 명령하신 대로 다 행하
였더라
17 ○ 둘째 해 첫째 달 곧 그 달 초하루에
성막을 세우니라

9】

10】

11】

12】

13】

14】

15】

16】

17】

18 모세가 성막을 세우되 그 받침들을
놓고 그 널판들을 세우고 그 띠를 띠
우고 그 기둥들을 세우고
19 또 성막 위에 막을 펴고 그 위에 덮개
를 덮으니 여호와께서 모세에게 명령
하신 대로 되니라
20 그는 또 증거판을 궤 속에 넣고 채를
궤에 꿰고 속죄소를 궤 위에 두고
21 또 그 궤를 성막에 들여놓고 가리개
휘장을 늘어뜨려 그 증거궤를 가리니
여호와께서 모세에게 명령하신 대로
되니라
22 그는 또 회막 안 곧 성막 북쪽으로 휘
장 밖에 상을 놓고
23 또 여호와 앞 그 상 위에 떡을 진설하
니 여호와께서 모세에게 명령하신 대
로 되니라
24 그는 또 회막 안 곧 성막 남쪽에 등잔
대를 놓아 상과 마주하게 하고
25 또 여호와 앞에 등잔대에 불을 켜니
여호와께서 모세에게 명령하신 대로
되니라
26 그가 또 금 향단을 회막 안 휘장 앞
에 두고
27 그 위에 향기로운 향을 사르니 여호
와께서 모세에게 명령하신 대로 되
니라

18】

19】

20】

21】

22】

23】

24】

25】

26】

27】

28 그는 또 성막 문에 휘장을 달고
29 또 회막의 성막 문 앞에 번제단을 두
고 번제와 소제를 그 위에 드리니 여
호와께서 모세에게 명령하신 대로 되
니라
30 그는 또 물두멍을 회막과 제단 사이
에 두고 거기 씻을 물을 담으니라
31 모세와 아론과 그 아들들이 거기서
수족을 씻되
32 그들이 회막에 들어갈 때와 제단에
가까이 갈 때에 씻었으니 여호와께서
모세에게 명령하신 대로 되니라
33 그는 또 성막과 제단 주위 뜰에 포장
을 치고 뜰 문에 휘장을 다니라 모세
가 이같이 역사를 마치니

여호와의 영광이 성막에 충만하다
(민 9:15-23)

34 ○ 구름이 회막에 덮이고 여호와의
영광이 성막에 충만하매
35 모세가 회막에 들어갈 수 없었으니
이는 구름이 회막 위에 덮이고 여호
와의 영광이 성막에 충만함이었으며
36 구름이 성막 위에서 떠오를 때에는
이스라엘 자손이 그 모든 행진하는
길에 앞으로 나아갔고
37 구름이 떠오르지 않을 때에는 떠오르
는 날까지 나아가지 아니하였으며
38 낮에는 여호와의 구름이 성막 위에

28】
29】
30】
31】
32】
33】
34】
35】
36】
37】
38】

있고 밤에는 불이 그 구름 가운데에
있음을 이스라엘의 온 족속이 그 모
든 행진하는 길에서 그들의 눈으로
보았더라

레위기

번제

1 1 여호와께서 회막에서 모세를 부르
시고 그에게 말씀하여 이르시되
2 이스라엘 자손에게 말하여 이르라 너
희 중에 누구든지 여호와께 예물을
드리려거든 가축 중에서 소나 양으로
예물을 드릴지니라
3 ○ 그 예물이 소의 번제이면 흠 없는
수컷으로 회막 문에서 여호와 앞에
기쁘게 받으시도록 드릴지니라
4 그는 번제물의 머리에 안수할지니 그
를 위하여 기쁘게 받으심이 되어 그
를 위하여 속죄가 될 것이라
5 그는 여호와 앞에서 그 수송아지를
잡을 것이요 아론의 자손 제사장들은
그 피를 가져다가 회막 문 앞 제단 사
방에 뿌릴 것이며
6 그는 또 그 번제물의 가죽을 벗기고
각을 뜰 것이요
7 제사장 아론의 자손들은 제단 위에 불
을 붙이고 불 위에 나무를 벌여 놓고
8 아론의 자손 제사장들은 그 뜬 각과
머리와 기름을 제단 위의 불 위에 있
는 나무에 벌여 놓을 것이며

1】

2】

3】

4】

5】

6】

7】

8】

9 그 내장과 정강이를 물로 씻을 것이
요 제사장은 그 전부를 제단 위에서
불살라 번제를 드릴지니 이는 화제라
여호와께 향기로운 냄새니라
10 ○ 만일 그 예물이 가축 떼의 양이나
염소의 번제이면 흠 없는 수컷으로
드릴지니
11 그가 제단 북쪽 여호와 앞에서 그것
을 잡을 것이요 아론의 자손 제사장
들은 그것의 피를 제단 사방에 뿌릴
것이며
12 그는 그것의 각을 뜨고 그것의 머리
와 그것의 기름을 베어낼 것이요 제
사장은 그것을 다 제단 위의 불 위에
있는 나무 위에 벌여 놓을 것이며
13 그 내장과 그 정강이를 물로 씻을 것
이요 제사장은 그 전부를 가져다가
제단 위에서 불살라 번제를 드릴지니
이는 화제라 여호와께 향기로운 냄새
니라
14 ○ 만일 여호와께 드리는 예물이 새
의 번제이면 산비둘기나 집비둘기 새
끼로 예물을 드릴 것이요
15 제사장은 그것을 제단으로 가져다가
그것의 머리를 비틀어 끊고 제단 위
에서 불사르고 피는 제단 곁에 흘릴
것이며

9】

10】

11】

12】

13】

14】

15】

16 그것의 모이주머니와 그 더러운 것은
제거하여 제단 동쪽 재 버리는 곳에
던지고
17 또 그 날개 자리에서 그 몸을 찢되 아
주 찢지 말고 제사장이 그것을 제단
위의 불 위에 있는 나무 위에서 불살
라 번제를 드릴지니 이는 화제라 여
호와께 향기로운 냄새니라

16】

17】

소제의 예물

2 1 누구든지 소제의 예물을 여호와께
드리려거든 고운 가루로 예물을
삼아 그 위에 기름을 붓고 또 그 위에
유향을 놓아
2 아론의 자손 제사장들에게로 가져갈
것이요 제사장은 그 고운 가루 한 움큼
과 기름과 그 모든 유향을 가져다가 기
념물로 제단 위에서 불사를지니 이는
화제라 여호와께 향기로운 냄새니라
3 그 소제물의 남은 것은 아론과 그의
자손에게 돌릴지니 이는 여호와의 화
제물 중에 지극히 거룩한 것이니라
4 ○ 네가 화덕에 구운 것으로 소제의
예물을 드리려거든 고운 가루에 기름
을 섞어 만든 무교병이나 기름을 바
른 무교전병을 드릴 것이요
5 철판에 부친 것으로 소제의 예물을

1】

2】

3】

4】

5】

드리려거든 고운 가루에 누룩을 넣지
말고 기름을 섞어
6 조각으로 나누고 그 위에 기름을 부
을지니 이는 소제니라
7 네가 냄비의 것으로 소제를 드리려거
든 고운 가루와 기름을 섞어 만들지
니라
8 너는 이것들로 만든 소제물을 여호와
께로 가져다가 제사장에게 줄 것이요
제사장은 그것을 제단으로 가져가서
9 그 소제물 중에서 기념할 것을 가져
다가 제단 위에서 불사를지니 이는
화제라 여호와께 향기로운 냄새니라
10 소제물의 남은 것은 아론과 그의 아
들들에게 돌릴지니 이는 여호와의 화
제물 중에 지극히 거룩한 것이니라
11 ○ 너희가 여호와께 드리는 모든 소
제물에는 누룩을 넣지 말지니 너희가
누룩이나 꿀을 여호와께 화제로 드려
사르지 못할지니라
12 처음 익은 것으로는 그것을 여호와께
드릴지나 향기로운 냄새를 위하여는
제단에 올리지 말지며
13 네 모든 소제물에 소금을 치라 네 하
나님의 언약의 소금을 네 소제에 빼
지 못할지니 네 모든 예물에 소금을
드릴지니라

6】

7】

8】

9】

10】

11】

12】

13】

14 ○ 너는 첫 이삭의 소제를 여호와께
드리거든 첫 이삭을 볶아 찧은 것으
로 네 소제를 삼되
15 그 위에 기름을 붓고 그 위에 유향을
더할지니 이는 소제니라
16 제사장은 찧은 곡식과 기름을 모든
유향과 함께 기념물로 불사를지니 이
는 여호와께 드리는 화제니라

14】

15】

16】

화목제의 예물

3 1 사람이 만일 화목제의 제물을 예물
로 드리되 소로 드리려면 수컷이
나 암컷이나 흠 없는 것으로 여호와
앞에 드릴지니
2 그 예물의 머리에 안수하고 회막 문
에서 잡을 것이요 아론의 자손 제사
장들은 그 피를 제단 사방에 뿌릴 것
이며
3 그는 또 그 화목제의 제물 중에서 여
호와께 화제를 드릴지니 곧 내장에 덮
인 기름과 내장에 붙은 모든 기름과
4 두 콩팥과 그 위의 기름 곧 허리 쪽에
있는 것과 간에 덮인 꺼풀을 콩팥과
함께 떼어낼 것이요
5 아론의 자손은 그것을 제단 위의 불
위에 있는 나무 위의 번제물 위에서
사를지니 이는 화제라 여호와께 향기

1】

2】

3】

4】

5】

로운 냄새니라
6 ○ 만일 여호와께 예물로 드리는 화
목제의 제물이 양이면 수컷이나 암컷
이나 흠 없는 것으로 드릴지며
7 만일 그의 예물로 드리는 것이 어린 양
이면 그것을 여호와 앞으로 끌어다가
8 그 예물의 머리에 안수하고 회막 앞
에서 잡을 것이요 아론의 자손은 그
피를 제단 사방에 뿌릴 것이며
9 그는 그 화목제의 제물 중에서 여호
와께 화제를 드릴지니 그 기름 곧 미
골에서 벤 기름진 꼬리와 내장에 덮
인 기름과 내장에 붙은 모든 기름과
10 두 콩팥과 그 위의 기름 곧 허리쪽에
있는 것과 간에 덮인 꺼풀을 콩팥과
함께 떼어낼 것이요
11 제사장은 그것을 제단 위에서 불사
를지니 이는 화제로 여호와께 드리는
음식이니라
12 ○ 만일 그의 예물이 염소면 그것을
여호와 앞으로 끌어다가
13 그것의 머리에 안수하고 회막 앞에서
잡을 것이요 아론의 자손은 그 피를
제단 사방에 뿌릴 것이며
14 그는 그 중에서 예물을 가져다가 여호
와께 화제를 드릴지니 곧 내장에 덮인
기름과 내장에 붙은 모든 기름과

6】

7】

8】

9】

10】

11】

12】

13】

14】

15 두 콩팥과 그 위의 기름 곧 허리 쪽에
있는 것과 간에 덮인 꺼풀을 콩팥과
함께 떼어낼 것이요
16 제사장은 그것을 제단 위에서 불사
를지니 이는 화제로 드리는 음식이요
향기로운 냄새라 모든 기름은 여호와
의 것이니라
17 너희는 기름과 피를 먹지 말라 이는
너희의 모든 처소에서 너희 대대로
지킬 영원한 규례니라

15】

16】

17】

속죄제를 드리는 규례

4 1 여호와께서 모세에게 말씀하여 이
르시되
2 이스라엘 자손에게 말하여 이르라 누
구든지 여호와의 계명 중 하나라도
그릇 범하였으되
3 만일 기름 부음을 받은 제사장이 범죄
하여 백성의 허물이 되었으면 그가 범
한 죄로 말미암아 흠 없는 수송아지로
속죄제물을 삼아 여호와께 드릴지니
4 그 수송아지를 회막 문 여호와 앞으
로 끌어다가 그 수송아지의 머리에
안수하고 그것을 여호와 앞에서 잡을
것이요
5 기름 부음을 받은 제사장은 그 수송아
지의 피를 가지고 회막에 들어가서

1】

2】

3】

4】

5】

6 그 제사장이 손가락에 그 피를 찍어
여호와 앞 곧 성소의 휘장 앞에 일곱
번 뿌릴 것이며
7 제사장은 또 그 피를 여호와 앞 곧 회
막 안 향단 뿔들에 바르고 그 송아지
의 피 전부를 회막 문 앞 번제단 밑에
쏟을 것이며
8 또 그 속죄제물이 된 수송아지의 모
든 기름을 떼어낼지니 곧 내장에 덮
인 기름과 내장에 붙은 모든 기름과
9 두 콩팥과 그 위의 기름 곧 허리쪽에
있는 것과 간에 덮인 꺼풀을 콩팥과
함께 떼어내되
10 화목제 제물의 소에게서 떼어냄 같이
할 것이요 제사장은 그것을 번제단
위에서 불사를 것이며
11 그 수송아지의 가죽과 그 모든 고기
와 그것의 머리와 정강이와 내장과
12 똥 곧 그 송아지의 전체를 진영 바깥
재 버리는 곳인 정결한 곳으로 가져
다가 불로 나무 위에서 사르되 곧 재
버리는 곳에서 불사를지니라
13 ○ 만일 이스라엘 온 회중이 여호와의
계명 중 하나라도 부지중에 범하여 허
물이 있으나 스스로 깨닫지 못하다가
14 그 범한 죄를 깨달으면 회중은 수송
아지를 속죄제로 드릴지니 그것을 회

6】
7】
8】
9】
10】
11】
12】
13】
14】

막 앞으로 끌어다가
15 회중의 장로들이 여호와 앞에서 그
수송아지 머리에 안수하고 그것을 여
호와 앞에서 잡을 것이요
16 기름 부음을 받은 제사장은 그 수송아
지의 피를 가지고 회막에 들어가서
17 그 제사장이 손가락으로 그 피를 찍
어 여호와 앞, 휘장 앞에 일곱 번 뿌
릴 것이며
18 또 그 피로 회막 안 여호와 앞에 있는
제단 뿔들에 바르고 그 피 전부는 회
막 문 앞 번제단 밑에 쏟을 것이며
19 그것의 기름은 다 떼어 제단 위에서
불사르되
20 그 송아지를 속죄제의 수송아지에게
한 것 같이 할지며 제사장이 그것으
로 회중을 위하여 속죄한즉 그들이
사함을 받으리라
21 그는 그 수송아지를 진영 밖으로 가
져다가 첫번 수송아지를 사름 같이
불사를지니 이는 회중의 속죄제니라
22 ○ 만일 족장이 그의 하나님 여호와
의 계명 중 하나라도 부지중에 범하
여 허물이 있었는데
23 그가 범한 죄를 누가 그에게 깨우쳐
주면 그는 흠 없는 숫염소를 예물로
가져다가

15】

16】

17】

18】

19】

20】

21】

22】

23】

24 그 숫염소의 머리에 안수하고 여호와
앞 번제물을 잡는 곳에서 잡을지니
이는 속죄제라
25 제사장은 그 속죄 제물의 피를 손가
락에 찍어 번제단 뿔들에 바르고 그
피는 번제단 밑에 쏟고
26 그 모든 기름은 화목제 제물의 기름 같
이 제단 위에서 불사를지니 이같이 제
사장이 그 범한 죄에 대하여 그를 위하
여 속죄한즉 그가 사함을 얻으리라
27 ○ 만일 평민의 한 사람이 여호와의
계명 중 하나라도 부지중에 범하여
허물이 있었는데
28 그가 범한 죄를 누가 그에게 깨우쳐
주면 그는 흠 없는 암염소를 끌고 와
서 그 범한 죄로 말미암아 그것을 예
물로 삼아
29 그 속죄제물의 머리에 안수하고 그
제물을 번제물을 잡는 곳에서 잡을
것이요
30 제사장은 손가락으로 그 피를 찍어
번제단 뿔들에 바르고 그 피 전부를
제단 밑에 쏟고
31 그 모든 기름을 화목제물의 기름을 떼
어낸 것 같이 떼어내 제단 위에서 불
살라 여호와께 향기롭게 할지니 제사
장이 그를 위하여 속죄한즉 그가 사

24】

25】

26】

27】

28】

29】

30】

31】

함을 받으리라
32 ○ 그가 만일 어린 양을 속죄제물로 가
져오려거든 흠 없는 암컷을 끌어다가
33 그 속죄제 제물의 머리에 안수하고
번제물을 잡는 곳에서 속죄제물로 잡
을 것이요
34 제사장은 그 속죄제물의 피를 손가락
으로 찍어 번제단 뿔들에 바르고 그
피는 전부 제단 밑에 쏟고
35 그 모든 기름을 화목제 어린 양의 기
름을 떼낸 것 같이 떼내어 제단 위 여
호와의 화제물 위에서 불사를지니 이
같이 제사장이 그가 범한 죄에 대하
여 그를 위하여 속죄한즉 그가 사함
을 받으리라

32】

33】

34】

35】

5

1 만일 누구든지 저주하는 소리를 듣
고서도 증인이 되어 그가 본 것이
나 알고 있는 것을 알리지 아니하면
그는 자기의 죄를 져야 할 것이요 그
허물이 그에게로 돌아갈 것이며
2 만일 누구든지 부정한 것들 곧 부정
한 들짐승의 사체나 부정한 가축의
사체나 부정한 곤충의 사체를 만졌
으면 부지중이라고 할지라도 그 몸이
더러워져서 허물이 있을 것이요
3 만일 부지중에 어떤 사람의 부정에

1】

2】

3】

닫았는데 그 사람의 부정이 어떠한
부정이든지 그것을 깨달았을 때에는
허물이 있을 것이요
4 만일 누구든지 입술로 맹세하여 악한
일이든지 선한 일이든지 하리라고 함
부로 말하면 그 사람이 함부로 말하
여 맹세한 것이 무엇이든지 그가 깨닫
지 못하다가 그것을 깨닫게 되었을 때
에는 그 중 하나에 그에게 허물이 있
을 것이니
5 이 중 하나에 허물이 있을 때에는 아
무 일에 잘못하였노라 자복하고
6 그 잘못으로 말미암아 여호와께 속죄
제를 드리되 양 떼의 암컷 어린 양이
나 염소를 끌어다가 속죄제를 드릴
것이요 제사장은 그의 허물을 위하여
속죄할지니라
7 ○ 만일 그의 힘이 어린 양을 바치는
데에 미치지 못하면 그가 지은 죄를
속죄하기 위하여 산비둘기 두 마리나
집비둘기 새끼 두 마리를 여호와께로
가져가되 하나는 속죄제물을 삼고 하
나는 번제물을 삼아
8 제사장에게로 가져갈 것이요 제사장
은 그 속죄제물을 먼저 드리되 그 머
리를 목에서 비틀어 끊고 몸은 아주
쪼개지 말며

4】

5】

6】

7】

8】

9 그 속죄제물의 피를 제단 곁에 뿌리
고 그 남은 피는 제단 밑에 흘릴지니
이는 속죄제요
10 그 다음 것은 규례대로 번제를 드릴
지니 제사장이 그의 잘못을 위하여
속죄한즉 그가 사함을 받으리라
11 ○ 만일 그의 손이 산비둘기 두 마리나
집비둘기 두 마리에도 미치지 못하면
그의 범죄로 말미암아 고운 가루 십분
의 일 에바를 예물로 가져다가 속죄제
물로 드리되 이는 속죄제인즉 그 위에
기름을 붓지 말며 유향을 놓지 말고
12 그것을 제사장에게로 가져갈 것이요
제사장은 그것을 기념물로 한 움큼을
가져다가 제단 위 여호와의 화제물
위에서 불사를지니 이는 속죄제라
13 제사장이 그가 이 중에서 하나를 범
하여 얻은 허물을 위하여 속죄한즉
그가 사함을 받으리라 그 나머지는
소제물 같이 제사장에게 돌릴지니라

속건제를 드리는 규례

14 ○ 여호와께서 모세에게 말씀하여 이
르시되
15 누구든지 여호와의 성물에 대하여 부
지중에 범죄하였으면 여호와께 속건
제를 드리되 네가 지정한 가치를 따
라 성소의 세겔로 몇 세겔 은에 상당

9】

10】

11】

12】

13】

14】

15】

한 흠 없는 숫양을 양 떼 중에서 끌어
다가 속건제로 드려서
16 성물에 대한 잘못을 보상하되 그것에
오분의 일을 더하여 제사장에게 줄
것이요 제사장은 그 속건제의 숫양으
로 그를 위하여 속죄한즉 그가 사함
을 받으리라
17 ○ 만일 누구든지 여호와의 계명 중
하나를 부지중에 범하여도 허물이라
벌을 당할 것이니
18 그는 네가 지정한 가치대로 양 떼 중
흠 없는 숫양을 속건제물로 제사장에
게로 가져갈 것이요 제사장은 그가
부지중에 범죄한 허물을 위하여 속죄
한즉 그가 사함을 받으리라
19 이는 속건제니 그가 여호와 앞에 참
으로 잘못을 저질렀음이니라

16】

17】

18】

19】

6

1 여호와께서 모세에게 말씀하여 이
르시되
2 누구든지 여호와께 신실하지 못하여
범죄하되 곧 이웃이 맡긴 물건이나
전당물을 속이거나 도둑질하거나 착
취하고도 사실을 부인하거나
3 남의 잃은 물건을 줍고도 사실을 부인
하여 거짓 맹세하는 등 사람이 이 모든
일 중의 하나라도 행하여 범죄하면

1】

2】

3】

4 이는 죄를 범하였고 죄가 있는 자니
그 훔친 것이나 착취한 것이나 맡은
것이나 잃은 물건을 주운 것이나
5 그 거짓 맹세한 모든 물건을 돌려보내
되 곧 그 본래 물건에 오분의 일을 더
하여 돌려보낼 것이니 그 죄가 드러나
는 날에 그 임자에게 줄 것이요
6 그는 또 그 속건제물을 여호와께 가
져갈지니 곧 네가 지정한 가치대로 양
떼 중 흠 없는 숫양을 속건제물을 위
하여 제사장에게로 끌고 갈 것이요
7 제사장은 여호와 앞에서 그를 위하여
속죄한즉 그는 무슨 허물이든지 사함
을 받으리라

번제를 드리는 규례

8 ○ 여호와께서 모세에게 말씀하여 이
르시되
9 아론과 그의 자손에게 명령하여 이르
라 번제의 규례는 이러하니라 번제물
은 아침까지 제단 위에 있는 석쇠 위에
두고 제단의 불이 그 위에서 꺼지지 않
게 할 것이요
10 제사장은 세마포 긴 옷을 입고 세마포
속바지로 하체를 가리고 제단 위에서
불태운 번제의 재를 가져다가 제단 곁
에 두고
11 그 옷을 벗고 다른 옷을 입고 그 재

4】

5】

6】

7】

8】

9】

10】

11】

를 진영 바깥 정결한 곳으로 가져갈
것이요
12 제단 위의 불은 항상 피워 꺼지지 않
게 할지니 제사장은 아침마다 나무를
그 위에서 태우고 번제물을 그 위에
벌여 놓고 화목제의 기름을 그 위에서
불사를지며
13 불은 끊임이 없이 제단 위에 피워 꺼
지지 않게 할지니라

소제를 드리는 규례

14 ○ 소제의 규례는 이러하니라 아론의
자손은 그것을 제단 앞 여호와 앞에
드리되
15 그 소제의 고운 가루 한 움큼과 기름
과 소제물 위의 유향을 다 가져다가
기념물로 제단 위에서 불살라 여호와
앞에 향기로운 냄새가 되게 하고
16 그 나머지는 아론과 그의 자손이 먹
되 누룩을 넣지 말고 거룩한 곳 회막
뜰에서 먹을지니라
17 그것에 누룩을 넣어 굽지 말라 이는 나
의 화제물 중에서 내가 그들에게 주어
그들의 소득이 되게 하는 것이라 속죄
제와 속건제 같이 지극히 거룩한즉
18 아론 자손의 남자는 모두 이를 먹을
지니 이는 여호와의 화제물 중에서
대대로 그들의 영원한 소득이 됨이라

12】

13】

14】

15】

16】

17】

18】

이를 만지는 자마다 거룩하리라

19 ○ 여호와께서 모세에게 말씀하여 이
르시되

20 아론과 그의 자손이 기름 부음을 받는
날에 여호와께 드릴 예물은 이러하니
라 고운 가루 십분의 일 에바를 항상
드리는 소제물로 삼아 그 절반은 아침
에, 절반은 저녁에 드리되

21 그것을 기름으로 반죽하여 철판에 굽
고 기름에 적셔 썰어서 소제로 여호와
께 드려 향기로운 냄새가 되게 하라

22 이 소제는 아론의 자손 중 기름 부음을
받고 그를 이어 제사장 된 자가 드릴
것이요 영원한 규례로 여호와께 온전
히 불사를 것이니

23 제사장의 모든 소제물은 온전히 불사
르고 먹지 말지니라

속죄제를 드리는 규례

24 ○ 여호와께서 모세에게 말씀하여 이
르시되

25 아론과 그의 아들들에게 말하여 이르
라 속죄제의 규례는 이러하니라 속죄
제 제물은 지극히 거룩하니 여호와 앞
번제물을 잡는 곳에서 그 속죄제 제물
을 잡을 것이요

26 죄를 위하여 제사 드리는 제사장이
그것을 먹되 곧 회막 뜰 거룩한 곳에

19】

20】

21】

22】

23】

24】

25】

26】

서 먹을 것이며
27 그 고기에 접촉하는 모든 자는 거룩
할 것이며 그 피가 어떤 옷에든지 묻
었으면 묻은 그것을 거룩한 곳에서
빨 것이요
28 그 고기를 토기에 삶았으면 그 그릇
을 깨뜨릴 것이요 유기에 삶았으면
그 그릇을 닦고 물에 씻을 것이며
29 제사장인 남자는 모두 그것을 먹을지
니 그것은 지극히 거룩하니라
30 그러나 피를 가지고 회막에 들어가
성소에서 속죄하게 한 속죄제 제물의
고기는 먹지 못할지니 불사를지니라

27】

28】

29】

30】

속건제를 드리는 규례

7 1 속건제의 규례는 이러하니라 이는
지극히 거룩하니
2 번제물을 잡는 곳에서 속건제의 번제
물을 잡을 것이요 제사장은 그 피를
제단 사방에 뿌릴 것이며
3 그 기름을 모두 드리되 곧 그 기름진
꼬리와 내장에 덮인 기름과
4 두 콩팥과 그 위의 기름 곧 허리 쪽에
있는 것과 간에 덮인 꺼풀을 콩팥과
함께 떼어내고
5 제사장은 그것을 다 제단 위에서 불
살라 여호와께 화제로 드릴 것이니

1】

2】

3】

4】

5】

이는 속건제니라
6 제사장인 남자는 모두 그것을 먹되
거룩한 곳에서 먹을지니라 그것은 지
극히 거룩하니라
7 속죄제와 속건제는 규례가 같으니 그
제물은 속죄하는 제사장에게로 돌아
갈 것이요
8 사람을 위하여 번제를 드리는 제사장
곧 그 제사장은 그 드린 번제물의 가
죽을 자기가 가질 것이며
9 화덕에 구운 소제물과 냄비에나 철판
에서 만든 소제물은 모두 그 드린 제
사장에게로 돌아갈 것이니
10 소제물은 기름 섞은 것이나 마른 것
이나 모두 아론의 모든 자손이 균등
하게 분배할 것이니라

화목제물을 드리는 규례

11 ○ 여호와께 드릴 화목제물의 규례는
이러하니라
12 만일 그것을 감사함으로 드리려면 기
름 섞은 무교병과 기름 바른 무교전
병과 고운 가루에 기름 섞어 구운 과
자를 그 감사제물과 함께 드리고
13 또 유교병을 화목제의 감사제물과 함
께 그 예물로 드리되
14 그 전체의 예물 중에서 하나씩 여호와
께 거제로 드리고 그것을 화목제의 피

6】
7】
8】
9】
10】
11】
12】
13】
14】

를 뿌린 제사장들에게로 돌릴지니라
15 ○ 감사함으로 드리는 화목제물의 고
기는 드리는 그 날에 먹을 것이요 조
금이라도 이튿날 아침까지 두지 말
것이니라
16 그러나 그의 예물의 제물이 서원이나
자원하는 것이면 그 제물을 드린 날
에 먹을 것이요 그 남은 것은 이튿날
에도 먹되
17 그 제물의 고기가 셋째 날까지 남았
으면 불사를지니
18 만일 그 화목제물의 고기를 셋째 날
에 조금이라도 먹으면 그 제사는 기
쁘게 받아들여지지 않을 것이라 드린
자에게도 예물답게 되지 못하고 도리
어 가증한 것이 될 것이며 그것을 먹
는 자는 그 죄를 짊어지리라
19 ○ 그 고기가 부정한 물건에 접촉되
었으면 먹지 말고 불사를 것이라 그
고기는 깨끗한 자만 먹을 것이니
20 만일 몸이 부정한 자가 여호와께 속한
화목제물의 고기를 먹으면 그 사람은
자기 백성 중에서 끊어질 것이요
21 만일 누구든지 부정한 것 곧 사람의
부정이나 부정한 짐승이나 부정하고
가증한 무슨 물건을 만지고 여호와께
속한 화목제물의 고기를 먹으면 그 사

15】

16】

17】

18】

19】

20】

21】

람도 자기 백성 중에서 끊어지리라

피와 기름은 먹지 말라

22 ○ 여호와께서 모세에게 말씀하여 이
르시되
23 이스라엘 자손에게 말하여 이르라 너
희는 소나 양이나 염소의 기름을 먹
지 말 것이요
24 스스로 죽은 것의 기름이나 짐승에게
찢긴 것의 기름은 다른 데는 쓰려니
와 결단코 먹지는 말지니라
25 사람이 여호와께 화제로 드리는 제물
의 기름을 먹으면 그 먹는 자는 자기
백성 중에서 끊어지리라
26 너희가 사는 모든 곳에서 새나 짐승
의 피나 무슨 피든지 먹지 말라
27 무슨 피든지 먹는 사람이 있으면 그 사
람은 다 자기 백성 중에서 끊어지리라

화목제물 중에서 제사장이 받을 소득

28 ○ 여호와께서 모세에게 말씀하여 이
르시되
29 이스라엘 자손에게 말하여 이르라 화
목제물을 여호와께 드리려는 자는 그
화목제물 중에서 그의 예물을 여호와
께 가져오되
30 여호와의 화제물은 그 사람이 자기 손
으로 가져올지니 곧 그 제물의 기름과
가슴을 가져올 것이요 제사장은 그 가

22】

23】

24】

25】

26】

27】

28】

29】

30】

슴을 여호와 앞에 흔들어 요제를 삼고
31 그 기름은 제단 위에서 불사를 것이
며 가슴은 아론과 그의 자손에게 돌
릴 것이며
32 또 너희는 그 화목제물의 오른쪽 뒷
다리를 제사장에게 주어 거제를 삼을
지니
33 아론의 자손 중에서 화목제물의 피와
기름을 드리는 자는 그 오른쪽 뒷다리
를 자기의 소득으로 삼을 것이니라
34 내가 이스라엘 자손의 화목제물 중에
서 그 흔든 가슴과 든 뒷다리를 가져
다가 제사장 아론과 그의 자손에게
주었나니 이는 이스라엘 자손에게서
받을 영원한 소득이니라

맺는 말(1)

35 ○ 이는 여호와의 화제물 중에서 아
론에게 돌릴 것과 그의 아들들에게
돌릴 것이니 그들을 세워 여호와의
제사장의 직분을 행하게 한 날
36 곧 그들에게 기름 부은 날에 여호와
께서 명령하사 이스라엘 자손 중에서
그들에게 돌리게 하신 것이라 대대로
영원히 받을 소득이니라

맺는 말(2)

37 ○ 이는 번제와 소제와 속죄제와 속
건제와 위임식과 화목제의 규례라

31】
32】
33】
34】
35】
36】
37】

38 여호와께서 시내 광야에서 이스라엘 자손에게 그 예물을 여호와께 드리라 명령하신 날에 시내 산에서 이같이 모세에게 명령하셨더라

38】

아론과 그의 아들들의 제사장 위임식

8 1 여호와께서 모세에게 말씀하여 이르시되

2 너는 아론과 그의 아들들과 함께 그 의복과 관유와 속죄제의 수송아지와 숫양 두 마리와 무교병 한 광주리를 가지고

3 온 회중을 회막 문에 모으라

4 모세가 여호와께서 자기에게 명령하신 대로 하매 회중이 회막 문에 모인지라

5 모세가 회중에게 이르되 여호와께서 행하라고 명령하신 것이 이러하니라 하고

6 모세가 아론과 그의 아들들을 데려다가 물로 그들을 씻기고

7 아론에게 속옷을 입히며 띠를 띠우고 겉옷을 입히며 에봇을 걸쳐 입히고 에봇의 장식 띠를 띠워서 에봇을 몸에 매고

8 흉패를 붙이고 흉패에 우림과 둠밈을 넣고

1】

2】

3】

4】

5】

6】

7】

8】

9 그의 머리에 관을 씌우고 그 관 위 전
면에 금 패를 붙이니 곧 거룩한 관이
라 여호와께서 모세에게 명령하신 것
과 같았더라
10 ○ 모세가 관유를 가져다가 성막과
그 안에 있는 모든 것에 발라 거룩하
게 하고
11 또 제단에 일곱 번 뿌리고 또 그 제단
과 그 모든 기구와 물두멍과 그 받침
에 발라 거룩하게 하고
12 또 관유를 아론의 머리에 붓고 그에
게 발라 거룩하게 하고
13 모세가 또 아론의 아들들을 데려다가
그들에게 속옷을 입히고 띠를 띠우며
관을 씌웠으니 여호와께서 모세에게
명령하신 것과 같았더라
14 ○ 모세가 또 속죄제의 수송아지를
끌어오니 아론과 그의 아들들이 그
속죄제의 수송아지 머리에 안수하매
15 모세가 잡고 그 피를 가져다가 손가
락으로 그 피를 제단의 네 귀퉁이 뿔
에 발라 제단을 깨끗하게 하고 그 피
는 제단 밑에 쏟아 제단을 속하여 거
룩하게 하고
16 또 내장에 덮인 모든 기름과 간 꺼풀
과 두 콩팥과 그 기름을 가져다가 모
세가 제단 위에 불사르고

9】
10】
11】
12】
13】
14】
15】
16】

17 그 수송아지 곧 그 가죽과 고기와 똥
은 진영 밖에서 불살랐으니 여호와께
서 모세에게 명령하심과 같았더라
18 ○ 또 번제의 숫양을 드릴새 아론과
그의 아들들이 그 숫양의 머리에 안
수하매
19 모세가 잡아 그 피를 제단 사방에 뿌
리고
20 그 숫양의 각을 뜨고 모세가 그 머리
와 각 뜬 것과 기름을 불사르고
21 물로 내장과 정강이들을 씻고 모세가
그 숫양의 전부를 제단 위에서 불사르
니 이는 향기로운 냄새를 위하여 드
리는 번제로 여호와께 드리는 화제라
여호와께서 모세에게 명령하심과 같
았더라
22 ○ 또 다른 숫양 곧 위임식의 숫양을
드릴새 아론과 그의 아들들이 그 숫
양의 머리에 안수하매
23 모세가 잡고 그 피를 가져다가 아론
의 오른쪽 귓부리와 그의 오른쪽 엄
지 손가락과 그의 오른쪽 엄지 발가
락에 바르고
24 아론의 아들들을 데려다가 모세가 그
오른쪽 귓부리와 그들의 손의 오른쪽
엄지 손가락과 그들의 발의 오른쪽
엄지 발가락에 그 피를 바르고 또 모

17】

18】

19】

20】

21】

22】

23】

24】

세가 그 피를 제단 사방에 뿌리고
25 그가 또 그 기름과 기름진 꼬리와 내
장에 덮인 모든 기름과 간 꺼풀과 두
콩팥과 그 기름과 오른쪽 뒷다리를
떼어내고
26 여호와 앞 무교병 광주리에서 무교병
한 개와 기름 섞은 떡 한 개와 전병 한
개를 가져다가 그 기름 위에와 오른
쪽 뒷다리 위에 놓아
27 그 전부를 아론의 손과 그의 아들들
의 손에 두어 여호와 앞에 흔들어 요
제를 삼게 하고
28 모세가 그것을 그들의 손에서 가져다
가 제단 위에 있는 번제물 위에 불사
르니 이는 향기로운 냄새를 위하여 드
리는 위임식 제사로 여호와께 드리는
화제라
29 이에 모세가 그 가슴을 가져다가 여
호와 앞에 흔들어 요제를 삼았으니
이는 위임식에서 잡은 숫양 중 모세
의 몫이라 여호와께서 모세에게 명령
하심과 같았더라
30 ○ 모세가 관유와 제단 위의 피를 가
져다가 아론과 그의 옷과 그의 아들
들과 그의 아들들의 옷에 뿌려서 아
론과 그의 옷과 그의 아들들과 그의
아들들의 옷을 거룩하게 하고

25】
26】
27】
28】
29】
30】

31 모세가 아론과 그의 아들들에게 이르
되 내게 이미 명령하시기를 아론과 그
의 아들들은 먹으라 하셨은즉 너희는
회막 문에서 그 고기를 삶아 위임식 광
주리 안의 떡과 아울러 그 곳에서 먹고
32 고기와 떡의 나머지는 불사를지며
33 위임식은 이레 동안 행하나니 위임식
이 끝나는 날까지 이레 동안은 회막
문에 나가지 말라
34 오늘 행한 것은 여호와께서 너희를
위하여 속죄하게 하시려고 명령하신
것이니
35 너희는 칠 주야를 회막 문에 머물면
서 여호와께서 지키라고 하신 것을
지키라 그리하면 사망을 면하리라 내
가 이같이 명령을 받았느니라
36 아론과 그의 아들들이 여호와께서 모
세를 통하여 명령하신 모든 일을 준
행하니라

31】
32】
33】
34】
35】
36】

아론이 첫 제사를 드리다

9 1 여덟째 날에 모세가 아론과 그의
아들들과 이스라엘 장로들을 불러
다가
2 아론에게 이르되 속죄제를 위하여 흠
없는 송아지를 가져오고 번제를 위하
여 흠 없는 숫양을 여호와 앞에 가져

1】
2】

다 드리고
3 이스라엘 자손에게 말하여 이르기를
너희는 속죄제를 위하여 숫염소를 가
져오고 또 번제를 위하여 일 년 되고
흠 없는 송아지와 어린 양을 가져오고
4 또 화목제를 위하여 여호와 앞에 드
릴 수소와 숫양을 가져오고 또 기름
섞은 소제물을 가져오라 하라 오늘
여호와께서 너희에게 나타나실 것임
이니라 하매
5 그들이 모세가 명령한 모든 것을 회
막 앞으로 가져오고 온 회중이 나아
와 여호와 앞에 선지라
6 모세가 이르되 이는 여호와께서 너희
에게 하라고 명령하신 것이니 여호와
의 영광이 너희에게 나타나리라
7 모세가 또 아론에게 이르되 너는 제
단에 나아가 네 속죄제와 네 번제를
드려서 너를 위하여, 백성을 위하여
속죄하고 또 백성의 예물을 드려서
그들을 위하여 속죄하되 여호와의 명
령대로 하라
8 ○ 이에 아론이 제단에 나아가 자기
를 위한 속죄제 송아지를 잡으매
9 아론의 아들들이 그 피를 아론에게
가져오니 아론이 손가락으로 그 피를
찍어 제단 뿔들에 바르고 그 피는 제

3】

4】

5】

6】

7】

8】

9】

단 밑에 쏟고
10 그 속죄제물의 기름과 콩팥과 간 꺼
풀을 제단 위에서 불사르니 여호와께
서 모세에게 명령하심과 같았고
11 그 고기와 가죽은 진영 밖에서 불사
르니라
12 ○ 아론이 또 번제물을 잡으매 아론의
아들들이 그 피를 그에게로 가져오니
13 그가 그 피를 제단 사방에 뿌리고
그들이 또 번제의 제물 곧 그의 각과
머리를 그에게로 가져오매 그가 제단
위에서 불사르고
14 또 내장과 정강이는 씻어서 단 위에
있는 번제물 위에서 불사르니라
15 ○ 그가 또 백성의 예물을 드리되 곧 백
성을 위한 속죄제의 염소를 가져다가
잡아 전과 같이 죄를 위하여 드리고
16 또 번제물을 드리되 규례대로 드리고
17 또 소제를 드리되 그 중에서 그의 손
에 한 움큼을 채워서 아침 번제물에
더하여 제단 위에서 불사르고
18 또 백성을 위하는 화목제물의 수소와
숫양을 잡으매 아론의 아들들이 그
피를 그에게로 가져오니 그가 제단
사방에 뿌리고
19 그들이 또 수소와 숫양의 기름과 기
름진 꼬리와 내장에 덮인 것과 콩팥

10】

11】

12】

13】

14】

15】

16】

17】

18】

19】

과 간 꺼풀을 아론에게로 가져다가
20 그 기름을 가슴들 위에 놓으매 아론
이 그 기름을 제단 위에서 불사르고
21 가슴들과 오른쪽 뒷다리를 그가 여호
와 앞에 요제로 흔드니 모세가 명령
한 것과 같았더라
22 ○ 아론이 백성을 향하여 손을 들어
축복함으로 속죄제와 번제와 화목제
를 마치고 내려오니라
23 모세와 아론이 회막에 들어갔다가 나
와서 백성에게 축복하매 여호와의 영
광이 온 백성에게 나타나며
24 불이 여호와 앞에서 나와 제단 위의
번제물과 기름을 사른지라 온 백성이
이를 보고 소리 지르며 엎드렸더라

20】
21】
22】
23】
24】

나답과 아비후가 벌을 받아 죽다

10 1 아론의 아들 나답과 아비후가 각기
향로를 가져다가 여호와께서 명령
하시지 아니하신 다른 불을 담아 여
호와 앞에 분향하였더니
2 불이 여호와 앞에서 나와 그들을 삼키
매 그들이 여호와 앞에서 죽은지라
3 모세가 아론에게 이르되 이는 여호
와의 말씀이라 이르시기를 나는 나를
가까이 하는 자 중에서 내 거룩함을
나타내겠고 온 백성 앞에서 내 영광

1】
2】
3】

을 나타내리라 하셨느니라 아론이 잠
잠하니
4 모세가 아론의 삼촌 웃시엘의 아들
미사엘과 엘사반을 불러 그들에게 이
르되 나아와 너희 형제들을 성소 앞
에서 진영 밖으로 메고 나가라 하매
5 그들이 나와 모세가 말한 대로 그들을
옷 입은 채 진영 밖으로 메어 내니
6 모세가 아론과 그의 아들 엘르아살과
이다말에게 이르되 너희는 머리를 풀
거나 옷을 찢지 말라 그리하여 너희가
죽음을 면하고 여호와의 진노가 온 회
중에게 미침을 면하게 하라 오직 너희
형제 이스라엘 온 족속은 여호와께서
치신 불로 말미암아 슬퍼할 것이니라
7 여호와의 관유가 너희에게 있은즉 너
희는 회막 문에 나가지 말라 그리하
면 죽음을 면하리라 그들이 모세의
말대로 하니라

제사장이 회막에 들어갈 때의 규례

8 ○ 여호와께서 아론에게 말씀하여 이
르시되
9 너와 네 자손들이 회막에 들어갈 때
에는 포도주나 독주를 마시지 말라
그리하여 너희 죽음을 면하라 이는
너희 대대로 지킬 영영한 규례라
10 그리하여야 너희가 거룩하고 속된 것

4】

5】

6】

7】

8】

9】

10】

을 분별하며 부정하고 정한 것을 분
별하고
11 또 나 여호와가 모세를 통하여 모든 규
례를 이스라엘 자손에게 가르치리라

제사장이 거룩한 곳에서 먹을 제물

12 ○ 모세가 아론과 그 남은 아들 엘르아
살에게와 이다말에게 이르되 여호와께
드린 화제물 중 소제의 남은 것은 지극
히 거룩하니 너희는 그것을 취하여 누
룩을 넣지 말고 제단 곁에서 먹되
13 이는 여호와의 화제물 중 네 소득과
네 아들들의 소득인즉 너희는 그것
을 거룩한 곳에서 먹으라 내가 명령
을 받았느니라
14 흔든 가슴과 들어올린 뒷다리는 너와
네 자녀가 너와 함께 정결한 곳에서
먹을지니 이는 이스라엘 자손의 화목
제물 중에서 네 소득과 네 아들들의
소득으로 주신 것임이니라
15 그 들어올린 뒷다리와 흔든 가슴을
화제물의 기름과 함께 가져다가 여호
와 앞에 흔들어 요제를 삼을지니 이
는 여호와의 명령대로 너와 네 자손
의 영원한 소득이니라
16 ○ 모세가 속죄제 드린 염소를 찾은
즉 이미 불살랐는지라 그가 아론의
남은 아들 엘르아살과 이다말에게 노

11】

12】

13】

14】

15】

16】

하여 이르되
17 이 속죄제물은 지극히 거룩하거늘 너
희가 어찌하여 거룩한 곳에서 먹지
아니하였느냐 이는 너희로 회중의 죄
를 담당하여 그들을 위하여 여호와
앞에 속죄하게 하려고 너희에게 주신
것이니라
18 그 피는 성소에 들여오지 아니하는
것이었으니 그 제물은 너희가 내가
명령한 대로 거룩한 곳에서 먹었어야
했을 것이니라
19 아론이 모세에게 이르되 오늘 그들이
그 속죄제와 번제를 여호와께 드렸어
도 이런 일이 내게 임하였거늘 오늘
내가 속죄제물을 먹었더라면 여호와
께서 어찌 좋게 여기셨으리요
20 모세가 그 말을 듣고 좋게 여겼더라

17】

18】

19】

20】

정한 짐승과 부정한 짐승

11 1 여호와께서 모세와 아론에게 말씀
하여 이르시되
2 이스라엘 자손에게 말하여 이르라 육
지의 모든 짐승 중 너희가 먹을 만한
생물은 이러하니
3 모든 짐승 중 굽이 갈라져 쪽발이 되
고 새김질하는 것은 너희가 먹되
4 새김질하는 것이나 굽이 갈라진 짐승

1】

2】

3】

4】

중에도 너희가 먹지 못할 것은 이러
하니 낙타는 새김질은 하되 굽이 갈
라지지 아니하였으므로 너희에게 부
정하고
5 사반도 새김질은 하되 굽이 갈라지지
아니하였으므로 너희에게 부정하고
6 토끼도 새김질은 하되 굽이 갈라지지
아니하였으므로 너희에게 부정하고
7 돼지는 굽이 갈라져 쪽발이로되 새김
질을 못하므로 너희에게 부정하니
8 너희는 이러한 고기를 먹지 말고 그
주검도 만지지 말라 이것들은 너희에
게 부정하니라
9 ○ 물에 있는 모든 것 중에서 너희가
먹을 만한 것은 이것이니 강과 바다와
다른 물에 있는 모든 것 중에서 지느
러미와 비늘 있는 것은 너희가 먹되
10 물에서 움직이는 모든 것과 물에서 사
는 모든 것 곧 강과 바다에 있는 것으
로서 지느러미와 비늘 없는 모든 것
은 너희에게 가증한 것이라
11 이들은 너희에게 가증한 것이니 너희
는 그 고기를 먹지 말고 그 주검을 가
증히 여기라
12 수중 생물에 지느러미와 비늘 없는
것은 너희가 혐오할 것이니라
13 ○ 새 중에 너희가 가증히 여길 것은

5】
6】
7】
8】
9】
10】
11】
12】
13】

이것이라 이것들이 가증한즉 먹지 말
지니 곧 독수리와 솔개와 물수리와
14 말똥가리와 말똥가리 종류와
15 까마귀 종류와
16 타조와 타흐마스와 갈매기와 새매
종류와
17 올빼미와 가마우지와 부엉이와
18 흰 올빼미와 사다새와 너새와
19 황새와 백로 종류와 오디새와 박쥐
니라
20 ○ 날개가 있고 네 발로 기어 다니는
곤충은 너희가 혐오할 것이로되
21 다만 날개가 있고 네 발로 기어 다니
는 모든 곤충 중에 그 발에 뛰는 다리
가 있어서 땅에서 뛰는 것은 너희가
먹을지니
22 곧 그 중에 메뚜기 종류와 베짱이 종
류와 귀뚜라미 종류와 팥중이 종류는
너희가 먹으려니와
23 오직 날개가 있고 기어다니는 곤충은
다 너희가 혐오할 것이니라
24 ○ 이런 것은 너희를 부정하게 하나
니 누구든지 이것들의 주검을 만지면
저녁까지 부정할 것이며
25 그 주검을 옮기는 모든 자는 그 옷을
빨지니 저녁까지 부정하리라
26 굽이 갈라진 모든 짐승 중에 쪽발이

14】
15】
16】
17】
18】
19】
20】
21】
22】
23】
24】
25】
26】

아닌 것이나 새김질 아니하는 것의
주검은 다 네게 부정하니 만지는 자
는 부정할 것이요
27 네 발로 다니는 모든 짐승 중 발바닥
으로 다니는 것은 다 네게 부정하니
그 주검을 만지는 자는 저녁까지 부
정할 것이며
28 그 주검을 옮기는 자는 그 옷을 빨지
니 저녁까지 부정하리라 그것들이 네
게 부정하니라
29 ○ 땅에 기는 길짐승 중에 네게 부정
한 것은 이러하니 곧 두더지와 쥐와
큰 도마뱀 종류와
30 도마뱀붙이와 육지 악어와 도마뱀과
사막 도마뱀과 카멜레온이라
31 모든 기는 것 중 이것들은 네게 부정
하니 그 주검을 만지는 모든 자는 저
녁까지 부정할 것이며
32 이런 것 중 어떤 것의 주검이 나무 그
릇에든지 의복에든지 가죽에든지 자
루에든지 무엇에 쓰는 그릇에든지 떨
어지면 부정하여지리니 물에 담그라
저녁까지 부정하다가 정할 것이며
33 그것 중 어떤 것이 어느 질그릇에 떨
어지면 그 속에 있는 것이 다 부정하
여지나니 너는 그 그릇을 깨뜨리라
34 먹을 만한 축축한 식물이 거기 담겼

27】
28】
29】
30】
31】
32】
33】
34】

으면 부정하여질 것이요 그같은 그릇
에 담긴 마실 것도 부정할 것이며
35 이런 것의 주검이 둘건 위에 떨어지
면 그것이 모두 부정하여지리니 화덕
이든지 화로이든지 깨뜨려버리라 이
것이 부정하여져서 너희에게 부정한
것이 되리라
36 샘물이나 물이 고인 웅덩이는 부정하
여지지 아니하되 그 주검에 닿는 것
은 모두 부정하여질 것이요
37 이것들의 주검이 심을 종자에 떨어지
면 그것이 정하거니와
38 만일 종자에 물이 묻었을 때에 그것
이 그 위에 떨어지면 너희에게 부정
하리라
39 ○ 너희가 먹을 만한 짐승이 죽은 때
에 그 주검을 만지는 자는 저녁까지
부정할 것이며
40 그것을 먹는 자는 그 옷을 빨 것이요
저녁까지 부정할 것이며 그 주검을
옮기는 자도 그의 옷을 빨 것이요 저
녁까지 부정하리라
41 ○ 땅에 기어 다니는 모든 길짐승은
가증한즉 먹지 못할지니
42 곧 땅에 기어다니는 모든 기는 것 중
에 배로 밀어 다니는 것이나 네 발로
걷는 것이나 여러 발을 가진 것이라

35】
36】
37】
38】
39】
40】
41】
42】

너희가 먹지 말지니 이것들은 가증함
이니라
43 너희는 기는 바 기어다니는 것 때문
에 자기를 가증하게 되게 하지 말며
또한 그것 때문에 스스로 더럽혀 부
정하게 되게 하지 말라
44 나는 여호와 너희의 하나님이라 내가
거룩하니 너희도 몸을 구별하여 거룩
하게 하고 땅에 기는 길짐승으로 말
미암아 스스로 더럽히지 말라
45 나는 너희의 하나님이 되려고 너희
를 애굽 땅에서 인도하여 낸 여호와
라 내가 거룩하니 너희도 거룩할지
어다
46 ○ 이는 짐승과 새와 물에서 움직이
는 모든 생물과 땅에 기는 모든 길짐
승에 대한 규례니
47 부정하고 정한 것과 먹을 생물과 먹
지 못할 생물을 분별한 것이니라

43】
44】
45】
46】
47】

아이를 낳은 여인에 대한 규례

12

1 여호와께서 모세에게 말씀하여 이
르시되
2 이스라엘 자손에게 말하여 이르라 여
인이 임신하여 남자를 낳으면 그는
이레 동안 부정하리니 곧 월경할 때
와 같이 부정할 것이며

1】
2】

3 여덟째 날에는 그 아이의 포피를 벨
것이요
4 그 여인은 아직도 삼십삼 일을 지내
야 산혈이 깨끗하리니 정결하게 되는
기한이 차기 전에는 성물을 만지지도
말며 성소에 들어가지도 말 것이며
5 여자를 낳으면 그는 두 이레 동안 부
정하리니 월경할 때와 같을 것이며
산혈이 깨끗하게 됨은 육십육 일을
지내야 하리라
6 ○ 아들이나 딸이나 정결하게 되는
기한이 차면 그 여인은 번제를 위하
여 일 년 된 어린 양을 가져가고 속
죄제를 위하여 집비둘기 새끼나 산비
둘기를 회막 문 제사장에게로 가져갈
것이요
7 제사장은 그것을 여호와 앞에 드려
서 그 여인을 위하여 속죄할지니 그
리하면 산혈이 깨끗하리라 이는 아들
이나 딸을 생산한 여인에게 대한 규
례니라
8 그 여인이 어린 양을 바치기에 힘이
미치지 못하면 산비둘기 두 마리나
집비둘기 새끼 두 마리를 가져다가
하나는 번제물로, 하나는 속죄제물로
삼을 것이요 제사장은 그를 위하여
속죄할지니 그가 정결하리라

3】

4】

5】

6】

7】

8】

피부에 나병 같은 것이 생기거든

13 1 여호와께서 모세와 아론에게 말씀
하여 이르시되
2 만일 사람이 그의 피부에 무엇이 돋거
나 뾰루지가 나거나 색점이 생겨서 그
의 피부에 나병 같은 것이 생기거든
그를 곧 제사장 아론에게나 그의 아
들 중 한 제사장에게로 데리고 갈 것
이요
3 제사장은 그 피부의 병을 진찰할지니
환부의 털이 희어졌고 환부가 피부보
다 우묵하여졌으면 이는 나병의 환부
라 제사장이 그를 진찰하여 그를 부
정하다 할 것이요
4 피부에 색점이 희나 우묵하지 아니하
고 그 털이 희지 아니하면 제사장은 그
환자를 이레 동안 가두어둘 것이며
5 이레 만에 제사장이 그를 진찰할지니
그가 보기에 그 환부가 변하지 아니
하고 병색이 피부에 퍼지지 아니하였
으면 제사장이 그를 또 이레 동안을
가두어둘 것이며
6 이레 만에 제사장이 또 진찰할지니 그
환부가 엷어졌고 병색이 피부에 퍼지
지 아니하였으면 피부병이라 제사장
이 그를 정하다 할 것이요 그의 옷을
빨 것이라 그리하면 정하리라

1】

2】

3】

4】

5】

6】

7 그러나 그가 정결한지를 제사장에게
보인 후에 병이 피부에 퍼지면 제사
장에게 다시 보일 것이요
8 제사장은 진찰할지니 그 병이 피부에
퍼졌으면 그를 부정하다 할지니라 이
는 나병임이니라
9 ○ 사람에게 나병이 들었거든 그를
제사장에게로 데려갈 것이요
10 제사장은 진찰할지니 피부에 흰 점이
돋고 털이 희어지고 거기 생살이 생
겼으면
11 이는 그의 피부의 오랜 나병이라 제
사장이 부정하다 할 것이요 그가 이
미 부정하였은즉 가두어두지는 않을
것이며
12 제사장이 보기에 나병이 그 피부에
크게 발생하였으되 그 환자의 머리부
터 발끝까지 퍼졌으면
13 그가 진찰할 것이요 나병이 과연 그의
전신에 퍼졌으면 그 환자를 정하다 할
지니 다 희어진 자인즉 정하거니와
14 아무 때든지 그에게 생살이 보이면
그는 부정한즉
15 제사장이 생살을 진찰하고 그를 부정
하다 할지니 그 생살은 부정한 것인
즉 이는 나병이며
16 그 생살이 변하여 다시 희어지면 제

7】

8】

9】

10】

11】

12】

13】

14】

15】

16】

사장에게로 갈 것이요
17 제사장은 그를 진찰하여서 그 환부가
희어졌으면 환자를 정하다 할지니 그
는 정하니라
18 ○ 피부에 종기가 생겼다가 나았고
19 그 종처에 흰 점이 돋거나 희고 불그
스름한 색점이 생겼으면 제사장에게
보일 것이요
20 그는 진찰하여 피부보다 얕고 그 털
이 희면 그를 부정하다 할지니 이는
종기로 된 나병의 환부임이니라
21 그러나 제사장이 진찰하여 거기 흰
털이 없고 피부보다 얕지 아니하고
빛이 엷으면 제사장은 그를 이레 동
안 가두어둘 것이며
22 그 병이 크게 피부에 퍼졌으면 제사
장은 그를 부정하다 할지니 이는 환
부임이니라
23 그러나 그 색점이 여전하고 퍼지지
아니하였으면 이는 종기 흔적이니 제
사장은 그를 정하다 할지니라
24 ○ 피부가 불에 데었는데 그 덴 곳에
불그스름하고 희거나 순전히 흰 색점
이 생기면
25 제사장은 진찰할지니 그 색점의 털이
희고 그 자리가 피부보다 우묵하면
이는 화상에서 생긴 나병인즉 제사장

17】
18】
19】
20】
21】
22】
23】
24】
25】

년 월 일

이 그를 부정하다 할 것은 나병의 환
부가 됨이니라
26 그러나 제사장이 보기에 그 색점에
흰 털이 없으며 그 자리가 피부보다
얕지 아니하고 빛이 엷으면 그는 그
를 이레 동안 가두어둘 것이며
27 이레 만에 제사장이 그를 진찰할지니
만일 병이 크게 피부에 퍼졌으면 그
가 그를 부정하다 할 것은 나병의 환
부임이니라
28 만일 색점이 여전하여 피부에 퍼지지
아니하고 빛이 엷으면 화상으로 부은
것이니 제사장이 그를 정하다 할 것
은 이는 화상의 흔적임이니라
29 ○ 남자나 여자의 머리에나 수염에
환부가 있으면
30 제사장은 진찰할지니 환부가 피부보
다 우묵하고 그 자리에 누르스름하고
가는 털이 있으면 그가 그를 부정하
다 할 것은 이는 옴이니라 머리에나
수염에 발생한 나병임이니라
31 만일 제사장이 보기에 그 옴의 환부가
피부보다 우묵하지 아니하고 그 자리
에 검은 털이 없으면 제사장은 그 옴
환자를 이레 동안 가두어둘 것이며
32 이레 만에 제사장은 그 환부를 진찰
할지니 그 옴이 퍼지지 아니하고 그

26】

27】

28】

29】

30】

31】

32】

자리에 누르스름한 털이 없고 피부보
다 우묵하지 아니하면
33 그는 모발을 밀되 환부는 밀지 말 것 33】
이요 제사장은 옴 환자를 또 이레 동
안 가두어둘 것이며
34 이레 만에 제사장은 그 옴을 또 진찰 34】
할지니 그 옴이 피부에 퍼지지 아니
하고 피부보다 우묵하지 아니하면 그
는 그를 정하다 할 것이요 그는 자기
의 옷을 빨아서 정하게 되려니와
35 깨끗한 후에라도 옴이 크게 피부에 35】
퍼지면
36 제사장은 그를 진찰할지니 과연 옴이 36】
피부에 퍼졌으면 누른 털을 찾을 것
없이 그는 부정하니라
37 그러나 제사장이 보기에 옴이 여전하 37】
고 그 자리에 검은 털이 났으면 그 옴
은 나았고 그 사람은 정하니 제사장
은 그를 정하다 할지니라
38 ○ 남자나 여자의 피부에 색점 곧 흰 38】
색점이 있으면
39 제사장은 진찰할지니 그 피부의 색점 39】
이 부유스름하면 이는 피부에 발생한
어루러기라 그는 정하니라
40 ○ 누구든지 그 머리털이 빠지면 그 40】
는 대머리니 정하고
41 앞머리가 빠져도 그는 이마 대머리니 41】

정하니라
42 그러나 대머리나 이마 대머리에 희고 불그스름한 색점이 있으면 이는 나병이 대머리에나 이마 대머리에 발생함이라
43 제사장은 그를 진찰할지니 그 대머리에나 이마 대머리에 돋은 색점이 희고 불그스름하여 피부에 발생한 나병과 같으면
44 이는 나병 환자라 부정하니 제사장이 그를 확실히 부정하다고 할 것은 그 환부가 그 머리에 있음이니라
45 ○ 나병 환자는 옷을 찢고 머리를 풀며 윗입술을 가리고 외치기를 부정하다 부정하다 할 것이요
46 병 있는 날 동안은 늘 부정할 것이라 그가 부정한즉 혼자 살되 진영 밖에서 살지니라

의복이나 가죽에 생기는 곰팡이

47 ○ 만일 의복에 나병 색점이 발생하여 털옷에나 베옷에나
48 베나 털의 날에나 씨에나 혹 가죽에나 가죽으로 만든 모든 것에 있으되
49 그 의복에나 가죽에나 그 날에나 씨에나 가죽으로 만든 모든 것에 병색이 푸르거나 붉으면 이는 나병의 색점이라 제사장에게 보일 것이요

42】
43】
44】
45】
46】
47】
48】
49】

50 제사장은 그 색점을 진찰하고 그것을
이레 동안 간직하였다가
51 이레 만에 그 색점을 살필지니 그 색
점이 그 의복의 날에나 씨에나 가죽에
나 가죽으로 만든 것에 퍼졌으면 이는
악성 나병이라 그것이 부정하므로
52 그는 그 색점 있는 의복이나 털이나
베의 날이나 씨나 모든 가죽으로 만
든 것을 불사를지니 이는 악성 나병
인즉 그것을 불사를지니라
53 ○ 그러나 제사장이 보기에 그 색점이
그 의복의 날에나 씨에나 모든 가죽으
로 만든 것에 퍼지지 아니하였으면
54 제사장은 명령하여 그 색점 있는 것
을 빨게 하고 또 이레 동안 간직하였
다가
55 그 빤 곳을 볼지니 그 색점의 빛이 변
하지 아니하고 그 색점이 퍼지지 아
니하였으면 부정하니 너는 그것을 불
사르라 이는 거죽에 있든지 속에 있
든지 악성 나병이니라
56 ○ 빤 후에 제사장이 보기에 그 색점
이 엷으면 그 의복에서나 가죽에서나
그 날에서나 씨에서나 그 색점을 찢
어 버릴 것이요
57 그 의복의 날에나 씨에나 가죽으로
만든 모든 것에 색점이 여전히 보이

50】

51】

52】

53】

54】

55】

56】

57】

면 재발하는 것이니 너는 그 색점 있
는 것을 불사를지니라
58 네가 빤 의복의 날에나 씨에나 가죽으
로 만든 모든 것에 그 색점이 벗겨졌
으면 그것을 다시 빨아야 정하리라
59 ○ 이는 털옷에나 베옷에나 그 날에
나 씨에나 가죽으로 만든 모든 것에
발생한 나병 색점의 정하고 부정한
것을 진단하는 규례니라

58】

59】

환자가 정결하게 되는 날의 규례

14 1 여호와께서 모세에게 말씀하여 이
르시되
2 나병 환자가 정결하게 되는 날의 규
례는 이러하니 곧 그 사람을 제사장
에게로 데려갈 것이요
3 제사장은 진영에서 나가 진찰할지니
그 환자에게 있던 나병 환부가 나았
으면
4 제사장은 그 정결함을 받을 자를 위
하여 명령하여 살아 있는 정결한 새
두 마리와 백향목과 홍색 실과 우슬
초를 가져오게 하고
5 제사장은 또 명령하여 그 새 하나는 흐
르는 물 위 질그릇 안에서 잡게 하고
6 다른 새는 산 채로 가져다가 백향목
과 홍색 실과 우슬초와 함께 가져다

1】

2】

3】

4】

5】

6】

가 흐르는 물 위에서 잡은 새의 피를
찍어
7 나병에서 정결함을 받을 자에게 일곱
번 뿌려 정하다 하고 그 살아 있는 새
는 들에 놓을지며
8 정결함을 받는 자는 그의 옷을 빨고
모든 털을 밀고 물로 몸을 씻을 것이
라 그리하면 정하리니 그 후에 진영
에 들어올 것이나 자기 장막 밖에 이
레를 머물 것이요
9 일곱째 날에 그는 모든 털을 밀되 머
리털과 수염과 눈썹을 다 밀고 그의
옷을 빨고 몸을 물에 씻을 것이라 그
리하면 정하리라
10 ○ 여덟째 날에 그는 흠 없는 어린 숫
양 두 마리와 일 년 된 흠 없는 어린
암양 한 마리와 또 고운 가루 십분의
삼 에바에 기름 섞은 소제물과 기름
한 록을 취할 것이요
11 정결하게 하는 제사장은 정결함을 받
을 자와 그 물건들을 회막 문 여호와
앞에 두고
12 어린 숫양 한 마리를 가져다가 기름
한 록과 아울러 속건제로 드리되 여
호와 앞에 흔들어 요제를 삼고
13 그 어린 숫양은 거룩한 장소 곧 속죄
제와 번제물 잡는 곳에서 잡을 것이

7】
8】
9】
10】
11】
12】
13】

며 속건제물은 속죄제물과 마찬가지
로 제사장에게 돌릴지니 이는 지극히
거룩한 것이니라
14 제사장은 그 속건제물의 피를 취하여
정결함을 받을 자의 오른쪽 귓부리와
오른쪽 엄지 손가락과 오른쪽 엄지
발가락에 바를 것이요
15 제사장은 또 그 한 록의 기름을 취하
여 자기 왼쪽 손바닥에 따르고
16 오른쪽 손가락으로 왼쪽 손의 기름을
찍어 그 손가락으로 그것을 여호와
앞에 일곱 번 뿌릴 것이요
17 손에 남은 기름은 제사장이 정결함을
받을 자의 오른쪽 귓부리와 오른쪽
엄지 손가락과 오른쪽 엄지 발가락
곧 속건제물의 피 위에 바를 것이며
18 아직도 그 손에 남은 기름은 제사장
이 그 정결함을 받는 자의 머리에 바
르고 제사장은 여호와 앞에서 그를
위하여 속죄하고
19 또 제사장은 속죄제를 드려 그 부정
함으로 말미암아 정결함을 받을 자
를 위하여 속죄하고 그 후에 번제물
을 잡을 것이요
20 제사장은 그 번제와 소제를 제단에
드려 그를 위하여 속죄할 것이라 그
리하면 그가 정결하리라

14】
15】
16】
17】
18】
19】
20】

21 ○ 만일 그가 가난하여 그의 힘이 미
치지 못하면 그는 흔들어 자기를 속죄
할 속건제를 위하여 어린 숫양 한 마
리와 소제를 위하여 고운 가루 십분의
일 에바에 기름 섞은 것과 기름 한 록
을 취하고
22 그의 힘이 미치는 대로 산비둘기 둘이
나 집비둘기 새끼 둘을 가져다가 하나
는 속죄제물로, 하나는 번제물로 삼아
23 여덟째 날에 그 결례를 위하여 그것
들을 회막 문 여호와 앞 제사장에게
로 가져갈 것이요
24 제사장은 속건제의 어린 양과 기름
한 록을 가져다가 여호와 앞에 흔들
어 요제를 삼고
25 속건제의 어린 양을 잡아서 제사장은
그 속건제물의 피를 가져다가 정결함
을 받을 자의 오른쪽 귓부리와 오른
쪽 엄지 손가락과 오른쪽 엄지 발가
락에 바를 것이요
26 제사장은 그 기름을 자기 왼쪽 손바
닥에 따르고
27 오른쪽 손가락으로 왼쪽 손의 기름을
조금 찍어 여호와 앞에 일곱 번 뿌릴
것이요
28 그 손의 기름은 제사장이 정결함을
받을 자의 오른쪽 귓부리와 오른쪽

21】

22】

23】

24】

25】

26】

27】

28】

엄지 손가락과 오른쪽 엄지 발가락
곧 속건제물의 피를 바른 곳에 바를
것이며
29 또 그 손에 남은 기름은 제사장이 그
정결함을 받는 자의 머리에 발라 여호
와 앞에서 그를 위하여 속죄할 것이며
30 그는 힘이 미치는 대로 산비둘기 한
마리나 집비둘기 새끼 한 마리를 드
리되
31 곧 그의 힘이 미치는 대로 한 마리는 속
죄제로, 한 마리는 소제와 함께 번제로
드릴 것이요 제사장은 정결함을 받을
자를 위하여 여호와 앞에 속죄할지니
32 나병 환자로서 그 정결예식에 그의 힘이
미치지 못한 자의 규례가 그러하니라

집에 생기는 곰팡이

33 ○ 여호와께서 모세와 아론에게 말씀
하여 이르시되
34 내가 네게 기업으로 주는 가나안 땅
에 너희가 이를 때에 너희 기업의 땅
에서 어떤 집에 나병 색점을 발생하
게 하거든
35 그 집 주인은 제사장에게 가서 말하여
알리기를 무슨 색점이 집에 생겼다 할
것이요
36 제사장은 그 색점을 살펴보러 가기
전에 그 집안에 있는 모든 것이 부정

29】

30】

31】

32】

33】

34】

35】

36】

을 면하게 하기 위하여 그 집을 비우
도록 명령한 후에 들어가서 그 집을
볼지니
37 그 색점을 볼 때에 그 집 벽에 푸르거
나 붉은 무늬의 색점이 있어 벽보다
우묵하면
38 제사장은 그 집 문으로 나와 그 집을
이레 동안 폐쇄하였다가
39 이레 만에 또 가서 살펴볼 것이요 그
색점이 벽에 퍼졌으면
40 그는 명령하여 색점 있는 돌을 빼내
어 성 밖 부정한 곳에 버리게 하고
41 또 집 안 사방을 긁게 하고 그 긁은 흙
을 성 밖 부정한 곳에 쏟아버리게 할
것이요
42 그들은 다른 돌로 그 돌을 대신하며
다른 흙으로 집에 바를지니라
43 ○ 돌을 빼내며 집을 긁고 고쳐 바른
후에 색점이 집에 재발하면
44 제사장은 또 가서 살펴볼 것이요 그
색점이 만일 집에 퍼졌으면 악성 나
병인즉 이는 부정하니
45 그는 그 집을 헐고 돌과 그 재목과 그
집의 모든 흙을 성 밖 부정한 곳으로
내어 갈 것이며
46 그 집을 폐쇄한 날 동안에 들어가는
자는 저녁까지 부정할 것이요

37】

38】

39】

40】

41】

42】

43】

44】

45】

46】

47 그 집에서 자는 자는 그의 옷을 빨 것
이요 그 집에서 먹는 자도 그의 옷을
빨 것이니라
48 ○ 그 집을 고쳐 바른 후에 제사장이
들어가 살펴보아서 색점이 집에 퍼지
지 아니하였으면 이는 색점이 나은 것
이니 제사장은 그 집을 정하다 하고
49 그는 그 집을 정결하게 하기 위하여
새 두 마리와 백향목과 홍색 실과 우
슬초를 가져다가
50 그 새 하나를 흐르는 물 위 질그릇 안
에서 잡고
51 백향목과 우슬초와 홍색 실과 살아
있는 새를 가져다가 잡은 새의 피와
흐르는 물을 찍어 그 집에 일곱 번 뿌
릴 것이요
52 그는 새의 피와 흐르는 물과 살아 있
는 새와 백향목과 우슬초와 홍색 실
로 집을 정결하게 하고
53 그 살아 있는 새는 성 밖 들에 놓아 주
고 그 집을 위하여 속죄할 것이라 그
러면 정결하리라
54 ○ 이는 각종 나병 환부에 대한 규례
니 곧 옴과
55 의복과 가옥의 나병과
56 돋는 것과 뾰루지와 색점이
57 어느 때는 부정하고 어느 때는 정함

47】

48】

49】

50】

51】

52】

53】

54】

55】

56】

57】

을 가르치는 것이니 나병의 규례가
이러하니라

몸에 유출병이 있으면

15 1 여호와께서 모세와 아론에게 말씀
하여 이르시되
2 이스라엘 자손에게 말하여 이르라 누
구든지 그의 몸에 유출병이 있으면 그
유출병으로 말미암아 부정한 자라
3 그의 유출병으로 말미암아 부정함이
이러하니 곧 그의 몸에서 흘러 나오
든지 그의 몸에서 흘러 나오는 것이
막혔든지 부정한즉
4 유출병 있는 자가 눕는 침상은 다 부
정하고 그가 앉았던 자리도 다 부정
하니
5 그의 침상에 접촉하는 자는 그의 옷
을 빨고 물로 몸을 씻을 것이며 저녁
까지 부정하리라
6 유출병이 있는 자가 앉았던 자리에
앉는 자는 그의 옷을 빨고 물로 씻을
것이요 저녁까지 부정하리라
7 유출병이 있는 자의 몸에 접촉하는
자는 그의 옷을 빨고 물로 몸을 씻을
것이며 저녁까지 부정하리라
8 유출병이 있는 자가 정한 자에게 침
을 뱉으면 정한 자는 그의 옷을 빨고

1】
2】
3】
4】
5】
6】
7】
8】

물로 몸을 씻을 것이며 저녁까지 부정하리라

9 유출병이 있는 자가 탔던 안장은 다 부정하며

10 그의 몸 아래에 닿았던 것에 접촉한 자는 다 저녁까지 부정하며 그런 것을 옮기는 자는 그의 옷을 빨고 물로 몸을 씻을 것이며 저녁까지 부정하리라

11 유출병이 있는 자가 물로 그의 손을 씻지 아니하고 아무든지 만지면 그 자는 그의 옷을 빨고 물로 몸을 씻을 것이며 저녁까지 부정하리라

12 유출병이 있는 자가 만진 질그릇은 깨뜨리고 나무 그릇은 다 물로 씻을지니라

13 ○ 유출병이 있는 자는 그의 유출이 깨끗해지거든 그가 정결하게 되기 위하여 이레를 센 후에 옷을 빨고 흐르는 물에 그의 몸을 씻을 것이라 그러면 그가 정하리니

14 여덟째 날에 산비둘기 두 마리나 집비둘기 새끼 두 마리를 자기를 위하여 가져다가 회막 문 여호와 앞으로 가서 제사장에게 줄 것이요

15 제사장은 그 한 마리는 속죄제로, 다른 한 마리는 번제로 드려 그의 유출

병으로 말미암아 여호와 앞에서 속죄
할지니라
16 ○ 설정한 자는 전신을 물로 씻을 것
이며 저녁까지 부정하리라
17 정수가 묻은 모든 옷과 가죽은 물에
빨 것이며 저녁까지 부정하리라
18 남녀가 동침하여 설정하였거든 둘 다
물로 몸을 씻을 것이며 저녁까지 부
정하리라

여인이 유출을 하면

19 ○ 어떤 여인이 유출을 하되 그의 몸
에 그의 유출이 피이면 이레 동안 불
결하니 그를 만지는 자마다 저녁까지
부정할 것이요
20 그가 불결할 동안에는 그가 누웠던
자리도 다 부정하며 그가 앉았던 자
리도 다 부정한즉
21 그의 침상을 만지는 자는 다 그의 옷
을 빨고 물로 몸을 씻을 것이요 저녁
까지 부정할 것이며
22 그가 앉은 자리를 만지는 자도 다 그
들의 옷을 빨고 물로 몸을 씻을 것이
요 저녁까지 부정할 것이며
23 그의 침상 위에나 그가 앉은 자리 위
에 있는 것을 만지는 모든 자도 저녁
까지 부정할 것이며
24 누구든지 이 여인과 동침하여 그의

16】
17】
18】
19】
20】
21】
22】
23】
24】

불결함에 전염되면 이레 동안 부정할
것이라 그가 눕는 침상은 다 부정하
니라
25 ○ 만일 여인의 피의 유출이 그의 불
결기가 아닌데도 여러 날이 간다든지
그 유출이 그의 불결기를 지나도 계속
되면 그 부정을 유출하는 모든 날 동
안은 그 불결한 때와 같이 부정한즉
26 그의 유출이 있는 모든 날 동안에 그
가 눕는 침상은 그에게 불결한 때의
침상과 같고 그가 앉는 모든 자리도
부정함이 불결한 때의 부정과 같으니
27 그것들을 만지는 자는 다 부정한즉
그의 옷을 빨고 물로 몸을 씻을 것이
며 저녁까지 부정할 것이요
28 그의 유출이 그치면 이레를 센 후에
야 정하리니
29 그는 여덟째 날에 산비둘기 두 마리
나 집비둘기 새끼 두 마리를 자기를
위하여 가져다가 회막 문 앞 제사장
에게로 가져갈 것이요
30 제사장은 그 한 마리는 속죄제로, 다
른 한 마리는 번제로 드려 유출로 부
정한 여인을 위하여 여호와 앞에서
속죄할지니라
31 ○ 너희는 이와 같이 이스라엘 자손
이 그들의 부정에서 떠나게 하여 그

25】

26】

27】

28】

29】

30】

31】

들 가운데에 있는 내 성막을 그들이
더럽히고 그들이 부정한 중에서 죽지
않도록 할지니라
32 ○ 이 규례는 유출병이 있는 자와 설
정함으로 부정하게 된 자와
33 불결기의 앓는 여인과 유출병이 있는
남녀와 그리고 불결한 여인과 동침한
자에 대한 것이니라

속죄일

16

1 아론의 두 아들이 여호와 앞에 나
아가다가 죽은 후에 여호와께서 모
세에게 말씀하시니라
2 여호와께서 모세에게 이르시되 네 형
아론에게 이르라 성소의 휘장 안 법궤
위 속죄소 앞에 아무 때나 들어오지 말
라 그리하여 죽지 않도록 하라 이는 내
가 구름 가운데에서 속죄소 위에 나타
남이니라
3 아론이 성소에 들어오려면 수송아지
를 속죄제물로 삼고 숫양을 번제물로
삼고
4 거룩한 세마포 속옷을 입으며 세마포 속
바지를 몸에 입고 세마포 띠를 띠며 세
마포 관을 쓸지니 이것들은 거룩한 옷
이라 물로 그의 몸을 씻고 입을 것이며
5 이스라엘 자손의 회중에게서 속죄제

32】

33】

1】

2】

3】

4】

5】

물로 삼기 위하여 숫염소 두 마리와
번제물로 삼기 위하여 숫양 한 마리
를 가져갈지니라
6 ○ 아론은 자기를 위한 속죄제의 수
송아지를 드리되 자기와 집안을 위하
여 속죄하고
7 또 그 두 염소를 가지고 회막 문 여호
와 앞에 두고
8 두 염소를 위하여 제비 뽑되 한 제비
는 여호와를 위하고 한 제비는 아사
셀을 위하여 할지며
9 아론은 여호와를 위하여 제비 뽑은
염소를 속죄제로 드리고
10 아사셀을 위하여 제비 뽑은 염소는
산 채로 여호와 앞에 두었다가 그것
으로 속죄하고 아사셀을 위하여 광야
로 보낼지니라
11 ○ 아론은 자기를 위한 속죄제의 수
송아지를 드리되 자기와 집안을 위하
여 속죄하고 자기를 위한 그 속죄제
수송아지를 잡고
12 향로를 가져다가 여호와 앞 제단 위
에서 피운 불을 그것에 채우고 또 곱
게 간 향기로운 향을 두 손에 채워 가
지고 휘장 안에 들어가서
13 여호와 앞에서 분향하여 향연으로 증
거궤 위 속죄소를 가리게 할지니 그

6】
7】
8】
9】
10】
11】
12】
13】

리하면 그가 죽지 아니할 것이며
14 그는 또 수송아지의 피를 가져다가
손가락으로 속죄소 동쪽에 뿌리고 또
손가락으로 그 피를 속죄소 앞에 일
곱 번 뿌릴 것이며
15 또 백성을 위한 속죄제 염소를 잡아 그
피를 가지고 휘장 안에 들어가서 그 수
송아지 피로 행함 같이 그 피로 행하여
속죄소 위와 속죄소 앞에 뿌릴지니
16 곧 이스라엘 자손의 부정과 그들이 범
한 모든 죄로 말미암아 지성소를 위하
여 속죄하고 또 그들의 부정한 중에 있
는 회막을 위하여 그같이 할 것이요
17 그가 지성소에 속죄하러 들어가서 자
기와 그의 집안과 이스라엘 온 회중
을 위하여 속죄하고 나오기까지는 누
구든지 회막에 있지 못할 것이며
18 그는 여호와 앞 제단으로 나와서 그
것을 위하여 속죄할지니 곧 그 수송
아지의 피와 염소의 피를 가져다가
제단 귀퉁이 뿔들에 바르고
19 또 손가락으로 그 피를 그 위에 일곱
번 뿌려 이스라엘 자손의 부정에서
제단을 성결하게 할 것이요
20 그 지성소와 회막과 제단을 위하여
속죄하기를 마친 후에 살아 있는 염
소를 드리되

14】

15】

16】

17】

18】

19】

20】

21 아론은 그의 두 손으로 살아 있는 염소
의 머리에 안수하여 이스라엘 자손의
모든 불의와 그 범한 모든 죄를 아뢰고
그 죄를 염소의 머리에 두어 미리 정한
사람에게 맡겨 광야로 보낼지니
22 염소가 그들의 모든 불의를 지고 접
근하기 어려운 땅에 이르거든 그는
그 염소를 광야에 놓을지니라
23 ○ 아론은 회막에 들어가서 지성소에
들어갈 때에 입었던 세마포 옷을 벗
어 거기 두고
24 거룩한 곳에서 물로 그의 몸을 씻고
자기 옷을 입고 나와서 자기의 번제
와 백성의 번제를 드려 자기와 백성
을 위하여 속죄하고
25 속죄제물의 기름을 제단에서 불사를
것이요
26 염소를 아사셀에게 보낸 자는 그의
옷을 빨고 물로 그의 몸을 씻은 후에
진영에 들어갈 것이며
27 속죄제 수송아지와 속죄제 염소의 피
를 성소로 들여다가 속죄하였은즉 그
가죽과 고기와 똥을 밖으로 내다가
불사를 것이요
28 불사른 자는 그의 옷을 빨고 물로 그
의 몸을 씻은 후에 진영에 들어갈지
니라

21】

22】

23】

24】

25】

26】

27】

28】

29 ○ 너희는 영원히 이 규례를 지킬지니
라 일곱째 달 곧 그 달 십일에 너희는
스스로 괴롭게 하고 아무 일도 하지 말
되 본토인이든지 너희 중에 거류하는
거류민이든지 그리하라
30 이 날에 너희를 위하여 속죄하여 너희
를 정결하게 하리니 너희의 모든 죄에
서 너희가 여호와 앞에 정결하리라
31 이는 너희에게 안식일 중의 안식일인
즉 너희는 스스로 괴롭게 할지니 영
원히 지킬 규례라
32 기름 부음을 받고 위임되어 자기의
아버지를 대신하여 제사장의 직분을
행하는 제사장은 속죄하되 세마포 옷
곧 거룩한 옷을 입고
33 지성소를 속죄하며 회막과 제단을 속
죄하고 또 제사장들과 백성의 회중을
위하여 속죄할지니
34 이는 너희가 영원히 지킬 규례라 이스라
엘 자손의 모든 죄를 위하여 일 년에 한
번 속죄할 것이니라 아론이 여호와께서
모세에게 명령하신 대로 행하니라

29】

30】

31】

32】

33】

34】

제물을 드릴 곳

17

1 여호와께서 모세에게 말씀하여 이
르시되
2 아론과 그의 아들들과 이스라엘의 모

1】

2】

든 자손에게 말하여 그들에게 이르기
를 여호와의 명령이 이러하시다 하라
3 이스라엘 집의 모든 사람이 소나 어
린 양이나 염소를 진영 안에서 잡든
지 진영 밖에서 잡든지
4 먼저 회막 문으로 끌고 가서 여호와
의 성막 앞에서 여호와께 예물로 드
리지 아니하는 자는 피 흘린 자로 여
길 것이라 그가 피를 흘렸은즉 자기
백성 중에서 끊어지리라
5 그런즉 이스라엘 자손이 들에서 잡던
그들의 제물을 회막 문 여호와께로
끌고 가서 제사장에게 주어 화목제로
여호와께 드려야 할 것이요
6 제사장은 그 피를 회막 문 여호와의 제
단에 뿌리고 그 기름을 불살라 여호와
께 향기로운 냄새가 되게 할 것이라
7 그들은 전에 음란하게 섬기던 숫염소
에게 다시 제사하지 말 것이니라 이
는 그들이 대대로 지킬 영원한 규례
니라
8 ○ 너는 또 그들에게 이르라 이스라
엘 집 사람이나 혹은 그들 중에 거류
하는 거류민이 번제나 제물을 드리되
9 회막 문으로 가져다가 여호와께 드리
지 아니하면 그는 백성 중에서 끊어
지리라

3】

4】

5】

6】

7】

8】

9】

피를 먹지 말라

10 ○ 이스라엘 집 사람이나 그들 중에
거류하는 거류민 중에 무슨 피든지
먹는 자가 있으면 내가 그 피를 먹는
그 사람에게는 내 얼굴을 대하여 그
를 백성 중에서 끊으리니
11 육체의 생명은 피에 있음이라 내가
이 피를 너희에게 주어 제단에 뿌려
너희의 생명을 위하여 속죄하게 하였
나니 생명이 피에 있으므로 피가 죄
를 속하느니라
12 그러므로 내가 이스라엘 자손에게 말
하기를 너희 중에 아무도 피를 먹지
말며 너희 중에 거류하는 거류민이라
도 피를 먹지 말라 하였나니
13 모든 이스라엘 자손이나 그들 중에
거류하는 거류민이 먹을 만한 짐승이
나 새를 사냥하여 잡거든 그것의 피
를 흘리고 흙으로 덮을지니라
14 모든 생물은 그 피가 생명과 일체라
그러므로 내가 이스라엘 자손에게 이
르기를 너희는 어떤 육체의 피든지
먹지 말라 하였나니 모든 육체의 생
명은 그것의 피인즉 그 피를 먹는 모
든 자는 끊어지리라
15 또 스스로 죽은 것이나 들짐승에게
찢겨 죽은 것을 먹은 모든 자는 본토

10】

11】

12】

13】

14】

15】

인이거나 거류민이거나 그의 옷을 빨
고 물로 몸을 씻을 것이며 저녁까지
부정하고 그 후에는 정하려니와
16 그가 빨지 아니하거나 그의 몸을 물
로 씻지 아니하면 그가 죄를 담당하
리라

16】

가증한 풍속을 따르지 말라

18 1 여호와께서 모세에게 말씀하여 이
르시되
2 너는 이스라엘 자손에게 말하여 이르
라 나는 여호와 너희의 하나님이니라
3 너희는 너희가 거주하던 애굽 땅의 풍
속을 따르지 말며 내가 너희를 인도
할 가나안 땅의 풍속과 규례도 행하
지 말고
4 너희는 내 법도를 따르며 내 규례를
지켜 그대로 행하라 나는 너희의 하
나님 여호와이니라
5 너희는 내 규례와 법도를 지키라 사
람이 이를 행하면 그로 말미암아 살
리라 나는 여호와이니라
6 ○ 각 사람은 자기의 살붙이를 가까
이 하여 그의 하체를 범하지 말라 나
는 여호와이니라
7 네 어머니의 하체는 곧 네 아버지의
하체이니 너는 범하지 말라 그는 네

1】
2】
3】
4】
5】
6】
7】

어머니인즉 너는 그의 하체를 범하지
말지니라
8 너는 네 아버지의 아내의 하체를 범하
지 말라 이는 네 아버지의 하체니라
9 너는 네 자매 곧 네 아버지의 딸이나
네 어머니의 딸이나 집에서나 다른
곳에서 출생하였음을 막론하고 그들
의 하체를 범하지 말지니라
10 네 손녀나 네 외손녀의 하체를 범하
지 말라 이는 네 하체니라
11 네 아버지의 아내가 네 아버지에게
낳은 딸은 네 누이니 너는 그의 하체
를 범하지 말지니라
12 너는 네 고모의 하체를 범하지 말라
그는 네 아버지의 살붙이니라
13 너는 네 이모의 하체를 범하지 말라
그는 네 어머니의 살붙이니라
14 너는 네 아버지 형제의 아내를 가까
이 하여 그의 하체를 범하지 말라 그
는 네 숙모니라
15 너는 네 며느리의 하체를 범하지 말
라 그는 네 아들의 아내이니 그의 하
체를 범하지 말지니라
16 너는 네 형제의 아내의 하체를 범하
지 말라 이는 네 형제의 하체니라
17 너는 여인과 그 여인의 딸의 하체를
아울러 범하지 말며 또 그 여인의 손

8】
9】
10】
11】
12】
13】
14】
15】
16】
17】

녀나 외손녀를 아울러 데려다가 그의
하체를 범하지 말라 그들은 그의 살
붙이이니 이는 악행이니라
18 너는 아내가 생존할 동안에 그의 자
매를 데려다가 그의 하체를 범하여
그로 질투하게 하지 말지니라
19 ○ 너는 여인이 월경으로 불결한 동
안에 그에게 가까이 하여 그의 하체
를 범하지 말지니라
20 너는 네 이웃의 아내와 동침하여 설
정하므로 그 여자와 함께 자기를 더
럽히지 말지니라
21 너는 결단코 자녀를 몰렉에게 주어 불
로 통과하게 함으로 네 하나님의 이름
을 욕되게 하지 말라 나는 여호와이니라
22 너는 여자와 동침함 같이 남자와 동
침하지 말라 이는 가증한 일이니라
23 너는 짐승과 교합하여 자기를 더럽히
지 말며 여자는 짐승 앞에 서서 그것과
교접하지 말라 이는 문란한 일이니라
24 ○ 너희는 이 모든 일로 스스로 더럽
히지 말라 내가 너희 앞에서 쫓아내
는 족속들이 이 모든 일로 말미암아
더러워졌고
25 그 땅도 더러워졌으므로 내가 그 악
으로 말미암아 벌하고 그 땅도 스스
로 그 주민을 토하여 내느니라

18】
19】
20】
21】
22】
23】
24】
25】

26 그러므로 너희 곧 너희의 동족이나
혹은 너희 중에 거류하는 거류민이나
내 규례와 내 법도를 지키고 이런 가
증한 일의 하나라도 행하지 말라
27 너희가 전에 있던 그 땅 주민이 이 모
든 가증한 일을 행하였고 그 땅도 더
러워졌느니라
28 너희도 더럽히면 그 땅이 너희가 있
기 전 주민을 토함 같이 너희를 토할
까 하노라
29 이 가증한 모든 일을 행하는 자는 그
백성 중에서 끊어지리라
30 그러므로 너희는 내 명령을 지키고
너희가 들어가기 전에 행하던 가증한
풍속을 하나라도 따름으로 스스로 더
럽히지 말라 나는 너희의 하나님 여
호와이니라

26】
27】
28】
29】
30】

너희는 거룩하라

19 1 여호와께서 모세에게 말씀하여 이
르시되
2 너는 이스라엘 자손의 온 회중에게 말
하여 이르라 너희는 거룩하라 이는 나
여호와 너희 하나님이 거룩함이니라
3 너희 각 사람은 부모를 경외하고 나
의 안식일을 지키라 나는 너희의 하
나님 여호와이니라

1】
2】
3】

4 너희는 헛된 것들에게로 향하지 말
며 너희를 위하여 신상들을 부어 만
들지 말라 나는 너희의 하나님 여호
와이니라
5 ○ 너희는 화목제물을 여호와께 드릴
때에 기쁘게 받으시도록 드리고
6 그 제물은 드리는 날과 이튿날에 먹
고 셋째 날까지 남았거든 불사르라
7 셋째 날에 조금이라도 먹으면 가증한
것이 되어 기쁘게 받으심이 되지 못
하고
8 그것을 먹는 자는 여호와의 성물을 더
럽힘으로 말미암아 죄를 담당하리니
그가 그의 백성 중에서 끊어지리라
9 ○ 너희가 너희의 땅에서 곡식을 거
둘 때에 너는 밭 모퉁이까지 다 거두
지 말고 네 떨어진 이삭도 줍지 말며
10 네 포도원의 열매를 다 따지 말며 네
포도원에 떨어진 열매도 줍지 말고
가난한 사람과 거류민을 위하여 버
려두라 나는 너희의 하나님 여호와
이니라
11 ○ 너희는 도둑질하지 말며 속이지
말며 서로 거짓말하지 말며
12 너희는 내 이름으로 거짓 맹세함으로
네 하나님의 이름을 욕되게 하지 말
라 나는 여호와이니라

4】

5】

6】

7】

8】

9】

10】

11】

12】

13 ○ 너는 네 이웃을 억압하지 말며 착
취하지 말며 품꾼의 삯을 아침까지
밤새도록 네게 두지 말며
14 너는 귀먹은 자를 저주하지 말며 맹
인 앞에 장애물을 놓지 말고 네 하나
님을 경외하라 나는 여호와이니라
15 ○ 너희는 재판할 때에 불의를 행하
지 말며 가난한 자의 편을 들지 말며
세력 있는 자라고 두둔하지 말고 공
의로 사람을 재판할지며
16 너는 네 백성 중에 돌아다니며 사람
을 비방하지 말며 네 이웃의 피를 흘
려 이익을 도모하지 말라 나는 여호
와이니라
17 ○ 너는 네 형제를 마음으로 미워하
지 말며 네 이웃을 반드시 견책하라
그러면 네가 그에 대하여 죄를 담당
하지 아니하리라
18 원수를 갚지 말며 동포를 원망하지
말며 네 이웃 사랑하기를 네 자신과
같이 사랑하라 나는 여호와이니라
19 ○ 너희는 내 규례를 지킬지어다 네
가축을 다른 종류와 교미시키지 말며
네 밭에 두 종자를 섞어 뿌리지 말며
두 재료로 직조한 옷을 입지 말지며
20 만일 어떤 사람이 다른 사람과 정혼한
여종 곧 아직 속량되거나 해방되지 못

한 여인과 동침하여 설정하면 그것은
책망을 받을 일이니라 그러나 그들은
죽임을 당하지는 아니하리니 그 여인
이 해방되지 못하였기 때문이니라
21 그 남자는 그 속건제물 곧 속건제 숫
양을 회막 문 여호와께로 끌고 올 것
이요
22 제사장은 그가 범한 죄를 위하여 그
속건제의 숫양으로 여호와 앞에 속죄
할 것이요 그리하면 그가 범한 죄를
사함 받으리라
23 ○ 너희가 그 땅에 들어가 각종 과목
을 심거든 그 열매는 아직 할례 받지
못한 것으로 여기되 곧 삼 년 동안 너
희는 그것을 할례 받지 못한 것으로
여겨 먹지 말 것이요
24 넷째 해에는 그 모든 과실이 거룩하
니 여호와께 드려 찬송할 것이며
25 다섯째 해에는 그 열매를 먹을지니 그
리하면 너희에게 그 소산이 풍성하리
라 나는 너희의 하나님 여호와이니라
26 ○ 너희는 무엇이든지 피째 먹지 말며
점을 치지 말며 술법을 행하지 말며
27 머리 가를 둥글게 깎지 말며 수염 끝
을 손상하지 말며
28 죽은 자 때문에 너희의 살에 문신을
하지 말며 무늬를 놓지 말라 나는 여

21】
22】
23】
24】
25】
26】
27】
28】

호와이니라
29 ○ 네 딸을 더럽혀 창녀가 되게 하지
말라 음행이 전국에 퍼져 죄악이 가
득할까 하노라
30 내 안식일을 지키고 내 성소를 귀히
여기라 나는 여호와이니라
31 ○ 너희는 신접한 자와 박수를 믿지 말
며 그들을 추종하여 스스로 더럽히지
말라 나는 너희 하나님 여호와이니라
32 ○ 너는 센 머리 앞에서 일어서고 노
인의 얼굴을 공경하며 네 하나님을
경외하라 나는 여호와이니라
33 ○ 거류민이 너희의 땅에 거류하여 함
께 있거든 너희는 그를 학대하지 말고
34 너희와 함께 있는 거류민을 너희 중
에서 낳은 자 같이 여기며 자기 같이
사랑하라 너희도 애굽 땅에서 거류민
이 되었었느니라 나는 너희의 하나님
여호와이니라
35 너희는 재판할 때나 길이나 무게나
양을 잴 때 불의를 행하지 말고
36 공평한 저울과 공평한 추와 공평한
에바와 공평한 힌을 사용하라 나는
너희를 인도하여 애굽 땅에서 나오게
한 너희의 하나님 여호와이니라
37 너희는 내 모든 규례와 내 모든 법도
를 지켜 행하라 나는 여호와이니라

29】

30】

31】

32】

33】

34】

35】

36】

37】

반드시 죽여야 하는 죄

20 1 여호와께서 모세에게 말씀하여 이
르시되
2 너는 이스라엘 자손에게 또 이르라
그가 이스라엘 자손이든지 이스라엘
에 거류하는 거류민이든지 그의 자식
을 몰렉에게 주면 반드시 죽이되 그
지방 사람이 돌로 칠 것이요
3 나도 그 사람에게 진노하여 그를 그
의 백성 중에서 끊으리니 이는 그가
그의 자식을 몰렉에게 주어서 내 성
소를 더럽히고 내 성호를 욕되게 하
였음이라
4 그가 그의 자식을 몰렉에게 주는 것
을 그 지방 사람이 못 본 체하고 그를
죽이지 아니하면
5 내가 그 사람과 그의 권속에게 진노
하여 그와 그를 본받아 몰렉을 음란
하게 섬기는 모든 사람을 그들의 백
성 중에서 끊으리라
6 ○ 접신한 자와 박수무당을 음란하게
따르는 자에게는 내가 진노하여 그를
그의 백성 중에서 끊으리니
7 너희는 스스로 깨끗하게 하여 거룩할
지어다 나는 너희의 하나님 여호와이
니라
8 너희는 내 규례를 지켜 행하라 나는

1】

2】

3】

4】

5】

6】

7】

8】

너희를 거룩하게 하는 여호와이니라
9 만일 누구든지 자기의 아버지나 어머
니를 저주하는 자는 반드시 죽일지니
그가 자기의 아버지나 어머니를 저주
하였은즉 그의 피가 자기에게로 돌아
가리라
10 ○ 누구든지 남의 아내와 간음하는 자
곧 그의 이웃의 아내와 간음하는 자는
그 간부와 음부를 반드시 죽일지니라
11 누구든지 그의 아버지의 아내와 동침
하는 자는 그의 아버지의 하체를 범
하였은즉 둘 다 반드시 죽일지니 그
들의 피가 자기들에게로 돌아가리라
12 누구든지 그의 며느리와 동침하거든
둘 다 반드시 죽일지니 그들이 가증
한 일을 행하였음이라 그들의 피가
자기들에게로 돌아가리라
13 누구든지 여인과 동침하듯 남자와 동
침하면 둘 다 가증한 일을 행함인즉
반드시 죽일지니 자기의 피가 자기에
게로 돌아가리라
14 누구든지 아내와 자기의 장모를 함께
데리고 살면 악행인즉 그와 그들을 함
께 불사를지니 이는 너희 중에 악행이
없게 하려 함이니라
15 남자가 짐승과 교합하면 반드시 죽이
고 너희는 그 짐승도 죽일 것이며

9】

10】

11】

12】

13】

14】

15】

16 여자가 짐승에게 가까이 하여 교합하
면 너는 여자와 짐승을 죽이되 그들
을 반드시 죽일지니 그들의 피가 자
기들에게로 돌아가리라
17 ○ 누구든지 그의 자매 곧 그의 아버
지의 딸이나 그의 어머니의 딸을 데려
다가 그 여자의 하체를 보고 여자는
그 남자의 하체를 보면 부끄러운 일이
라 그들의 민족 앞에서 그들이 끊어질
지니 그가 자기의 자매의 하체를 범하
였은즉 그가 그의 죄를 담당하리라
18 누구든지 월경 중의 여인과 동침하
여 그의 하체를 범하면 남자는 그 여
인의 근원을 드러냈고 여인은 자기의
피 근원을 드러내었음인즉 둘 다 백
성 중에서 끊어지리라
19 네 이모나 고모의 하체를 범하지 말
지니 이는 살붙이의 하체인즉 그들이
그들의 죄를 담당하리라
20 누구든지 그의 숙모와 동침하면 그의
숙부의 하체를 범함이니 그들은 그들
의 죄를 담당하여 자식이 없이 죽으
리라
21 누구든지 그의 형제의 아내를 데리고
살면 더러운 일이라 그가 그의 형제
의 하체를 범함이니 그들에게 자식이
없으리라

16】

17】

18】

19】

20】

21】

22 ○ 너희는 나의 모든 규례와 법도를
지켜 행하라 그리하여야 내가 너희를
인도하여 거주하게 하는 땅이 너희를
토하지 아니하리라
23 너희는 내가 너희 앞에서 쫓아내는
족속의 풍속을 따르지 말라 그들이
이 모든 일을 행하므로 내가 그들을
가증히 여기노라
24 내가 전에 너희에게 이르기를 너희가
그들의 땅을 기업으로 받을 것이라 내
가 그 땅 곧 젖과 꿀이 흐르는 땅을 너
희에게 주어 유업을 삼게 하리라 하
였노라 나는 너희를 만민 중에서 구
별한 너희의 하나님 여호와이니라
25 너희는 짐승이 정하고 부정함과 새가
정하고 부정함을 구별하고 내가 너희
를 위하여 부정한 것으로 구별한 짐
승이나 새나 땅에 기는 것들로 너희
의 몸을 더럽히지 말라
26 너희는 나에게 거룩할지어다 이는 나
여호와가 거룩하고 내가 또 너희를
나의 소유로 삼으려고 너희를 만민
중에서 구별하였음이니라
27 ○ 남자나 여자가 접신하거나 박수무
당이 되거든 반드시 죽일지니 곧 돌
로 그를 치라 그들의 피가 자기들에
게로 돌아가리라

22】

23】

24】

25】

26】

27】

년 월 일

제사장이 지켜야 할 규례

21 1 여호와께서 모세에게 이르시되 아
론의 자손 제사장들에게 말하여 이
르라 그의 백성 중에서 죽은 자를 만
짐으로 말미암아 스스로를 더럽히지
말려니와
2 그의 살붙이인 그의 어머니나 그의
아버지나 그의 아들이나 그의 딸이나
그의 형제나
3 출가하지 아니한 처녀인 그의 자매
로 말미암아서는 몸을 더럽힐 수 있
느니라
4 제사장은 그의 백성의 어른인즉 자신
을 더럽혀 속되게 하지 말지니라
5 제사장들은 머리털을 깎아 대머리 같
게 하지 말며 자기의 수염 양쪽을 깎
지 말며 살을 베지 말고
6 그들의 하나님께 대하여 거룩하고 그
들의 하나님의 이름을 욕되게 하지
말 것이며 그들은 여호와의 화제 곧
그들의 하나님의 음식을 드리는 자인
즉 거룩할 것이라
7 그들은 부정한 창녀나 이혼 당한 여
인을 취하지 말지니 이는 그가 여호
와 하나님께 거룩함이니라
8 너는 그를 거룩히 여기라 그는 네 하
나님의 음식을 드림이니라 너는 그를

1】

2】

3】

4】

5】

6】

7】

8】

거룩히 여기라 너희를 거룩하게 하는
나 여호와는 거룩함이니라
9 어떤 제사장의 딸이든지 행음하여 자
신을 속되게 하면 그의 아버지를 속
되게 함이니 그를 불사를지니라
10 ○ 자기의 형제 중 관유로 부음을 받
고 위임되어 그 예복을 입은 대제사
장은 그의 머리를 풀지 말며 그의 옷
을 찢지 말며
11 어떤 시체에든지 가까이 하지 말지니
그의 부모로 말미암아서도 더러워지
게 하지 말며
12 그 성소에서 나오지 말며 그의 하나
님의 성소를 속되게 하지 말라 이는
하나님께서 성별하신 관유가 그 위에
있음이니라 나는 여호와이니라
13 그는 처녀를 데려다가 아내를 삼을
지니
14 과부나 이혼 당한 여자나 창녀 짓을
하는 더러운 여인을 취하지 말고 자
기 백성 중에서 처녀를 취하여 아내
를 삼아
15 그의 자손이 그의 백성 중에서 속되
게 하지 말지니 나는 그를 거룩하게
하는 여호와임이니라
16 ○ 여호와께서 모세에게 말씀하여 이
르시되

9】

10】

11】

12】

13】

14】

15】

16】

17 아론에게 말하여 이르라 누구든지 너
의 자손 중 대대로 육체에 흠이 있는
자는 그 하나님의 음식을 드리려고
가까이 오지 못할 것이니라
18 누구든지 흠이 있는 자는 가까이 하
지 못할지니 곧 맹인이나 다리 저는
자나 코가 불완전한 자나 지체가 더
한 자나
19 발 부러진 자나 손 부러진 자나
20 등 굽은 자나 키 못 자란 자나 눈에 백
막이 있는 자나 습진이나 버짐이 있
는 자나 고환 상한 자나
21 제사장 아론의 자손 중에 흠이 있는
자는 나와 여호와께 화제를 드리지
못할지니 그는 흠이 있은즉 나와서
그의 하나님께 음식을 드리지 못하느
니라
22 그는 그의 하나님의 음식이 지성물이
든지 성물이든지 먹을 것이나
23 휘장 안에 들어가지 못할 것이요 제
단에 가까이 하지 못할지니 이는 그가
흠이 있음이니라 이와 같이 그가 내
성소를 더럽히지 못할 것은 나는 그들
을 거룩하게 하는 여호와임이니라
24 이와 같이 모세가 아론과 그의 아들
들과 온 이스라엘 자손에게 말하였
더라

17】

18】

19】

20】

21】

22】

23】

24】

성물을 먹는 규례

22 1 여호와께서 모세에게 말씀하여 이
르시되
2 아론과 그의 아들들에게 말하여 그들
로 이스라엘 자손이 내게 드리는 그
성물에 대하여 스스로 구별하여 내
성호를 욕되게 함이 없게 하라 나는
여호와이니라
3 그들에게 이르라 누구든지 네 자손 중
에 대대로 그의 몸이 부정하면서도 이
스라엘 자손이 구별하여 여호와께 드
리는 성물에 가까이 하는 자는 내 앞
에서 끊어지리라 나는 여호와이니라
4 아론의 자손 중 나병 환자나 유출병
자는 그가 정결하기 전에는 그 성물
을 먹지 말 것이요 시체의 부정에 접
촉된 자나 설정한 자나
5 무릇 사람을 부정하게 하는 벌레에 접
촉된 모든 사람과 무슨 부정이든지 사
람을 더럽힐 만한 것에게 접촉된 자
6 곧 이런 것에 접촉된 자는 저녁까지
부정하니 그의 몸을 물로 씻지 아니
하면 그 성물을 먹지 못할지며
7 해 질 때에야 정하리니 그 후에야 그
성물을 먹을 것이니라 이는 자기의
음식이 됨이니라
8 시체나 찢겨 죽은 짐승을 먹음으로

1】

2】

3】

4】

5】

6】

7】

8】

자기를 더럽히지 말라 나는 여호와이
니라
9 그들은 내 명령을 지킬 것이니라 그
것을 속되게 하면 그로 말미암아 죄
를 짓고 그 가운데에서 죽을까 하노
라 나는 그들을 거룩하게 하는 여호
와이니라
10 ○ 일반인은 성물을 먹지 못할 것이
며 제사장의 객이나 품꾼도 다 성물
을 먹지 못할 것이니라
11 그러나 제사장이 그의 돈으로 어떤
사람을 샀으면 그는 그것을 먹을 것
이며 그의 집에서 출생한 자도 그렇
게 하여 그들이 제사장의 음식을 먹
을 것이며
12 제사장의 딸이 일반인에게 출가하였
으면 거제의 성물을 먹지 못하되
13 만일 그가 과부가 되든지 이혼을 당
하든지 자식이 없이 그의 친정에 돌
아와서 젊었을 때와 같으면 그는 그
의 아버지 몫의 음식을 먹을 것이나
일반인은 먹지 못할 것이니라
14 만일 누가 부지중에 성물을 먹으면
그 성물에 그것의 오분의 일을 더하
여 제사장에게 줄지니라
15 이스라엘 자손이 여호와께 드리는 성
물을 그들은 속되게 하지 말지니

9】
10】
11】
12】
13】
14】
15】

16 그들이 성물을 먹으면 그 죄로 인하
여 형벌을 받게 할 것이니라 나는 그
음식을 거룩하게 하는 여호와이니라

여호와께서 기쁘게 받으시는 제물

17 ○ 여호와께서 모세에게 말씀하여 이
르시되
18 아론과 그의 아들들과 이스라엘 온
족속에게 말하여 이르라 이스라엘 자
손이나 그 중에 거류하는 자가 서원
제물이나 자원제물로 번제와 더불어
여호와께 예물로 드리려거든
19 기쁘게 받으심이 되도록 소나 양이나
염소의 흠 없는 수컷으로 드릴지니
20 흠 있는 것은 무엇이나 너희가 드리
지 말 것은 그것이 기쁘게 받으심이
되지 못할 것임이니라
21 만일 누구든지 서원한 것을 갚으려 하
든지 자의로 예물을 드리려 하여 소
나 양으로 화목제물을 여호와께 드리
는 자는 기쁘게 받으심이 되도록 아
무 흠이 없는 온전한 것으로 할지니
22 너희는 눈 먼 것이나 상한 것이나 지
체에 베임을 당한 것이나 종기 있는
것이나 습진 있는 것이나 비루먹은
것을 여호와께 드리지 말며 이런 것
들은 제단 위에 화제물로 여호와께
드리지 말라

16】

17】

18】

19】

20】

21】

22】

23 소나 양의 지체가 더하거나 덜하거나
한 것은 너희가 자원제물로는 쓰려니
와 서원제물로 드리면 기쁘게 받으심
이 되지 못하리라
24 너희는 고환이 상하였거나 치었거나
터졌거나 베임을 당한 것은 여호와께
드리지 말며 너희의 땅에서는 이런
일을 행하지도 말지며
25 너희는 외국인에게서도 이런 것을 받
아 너희의 하나님의 음식으로 드리지
말라 이는 결점이 있고 흠이 있는 것
인즉 너희를 위하여 기쁘게 받으심이
되지 못할 것임이니라
26 ○ 여호와께서 모세에게 말씀하여 이
르시되
27 수소나 양이나 염소가 나거든 이레 동
안 그것의 어미와 같이 있게 하라 여
덟째 날 이후로는 여호와께 화제로 예
물을 드리면 기쁘게 받으심이 되리라
28 암소나 암양을 막론하고 어미와 새끼
를 같은 날에 잡지 말지니라
29 너희가 여호와께 감사제물을 드리려
거든 너희가 기쁘게 받으심이 되도록
드릴지며
30 그 제물은 그 날에 먹고 이튿날까지
두지 말라 나는 여호와이니라
31 너희는 내 계명을 지키며 행하라 나

23】

24】

25】

26】

27】

28】

29】

30】

31】

는 여호와이니라
32 너희는 내 성호를 속되게 하지 말라
나는 이스라엘 자손 중에서 거룩하게
함을 받을 것이니라 나는 너희를 거
룩하게 하는 여호와요
33 너희의 하나님이 되려고 너희를 애굽
땅에서 인도하여 낸 자니 나는 여호
와이니라

32】

33】

성회를 삼을 여호와의 절기

23 1 여호와께서 모세에게 말씀하여 이
르시되
2 이스라엘 자손에게 말하여 이르라 이
것이 나의 절기들이니 너희가 성회로
공포할 여호와의 절기들이니라
3 엿새 동안은 일할 것이요 일곱째 날은
쉴 안식일이니 성회의 날이라 너희는
아무 일도 하지 말라 이는 너희가 거
주하는 각처에서 지킬 여호와의 안식
일이니라

유월절과 무교절

4 ○ 이것이 너희가 그 정한 때에 성회
로 공포할 여호와의 절기들이니라
5 첫째 달 열나흗날 저녁은 여호와의
유월절이요
6 이 달 열닷샛날은 여호와의 무교절이
니 이레 동안 너희는 무교병을 먹을

1】

2】

3】

4】

5】

6】

것이요
7 그 첫 날에는 너희가 성회로 모이고
아무 노동도 하지 말지며
8 너희는 이레 동안 여호와께 화제를 드
릴 것이요 일곱째 날에도 성회로 모이
고 아무 노동도 하지 말지니라

첫 이삭 한 단을 바치는 절기

9 ○ 여호와께서 모세에게 말씀하여 이
르시되
10 이스라엘 자손에게 말하여 이르라 너
희는 내가 너희에게 주는 땅에 들어가
서 너희의 곡물을 거둘 때에 너희의
곡물의 첫 이삭 한 단을 제사장에게로
가져갈 것이요
11 제사장은 너희를 위하여 그 단을 여호
와 앞에 기쁘게 받으심이 되도록 흔들
되 안식일 이튿날에 흔들 것이며
12 너희가 그 단을 흔드는 날에 일 년 되
고 흠 없는 숫양을 여호와께 번제로
드리고
13 그 소제로는 기름 섞은 고운 가루 십
분의 이 에바를 여호와께 드려 화제
로 삼아 향기로운 냄새가 되게 하고
전제로는 포도주 사분의 일 힌을 쓸
것이며
14 너희는 너희 하나님께 예물을 가져오
는 그 날까지 떡이든지 볶은 곡식이

7】
8】
9】
10】
11】
12】
13】
14】

든지 생 이삭이든지 먹지 말지니 이
는 너희가 거주하는 각처에서 대대로
지킬 영원한 규례니라

두 번째 거둔 곡식을 바치는 절기

15 ○ 안식일 이튿날 곧 너희가 요제로
곡식단을 가져온 날부터 세어서 일곱
안식일의 수효를 채우고
16 일곱 안식일 이튿날까지 합하여 오
십 일을 계수하여 새 소제를 여호와
께 드리되
17 너희의 처소에서 십분의 이 에바로
만든 떡 두 개를 가져다가 흔들지니
이는 고운 가루에 누룩을 넣어서 구
운 것이요 이는 첫 요제로 여호와께
드리는 것이며
18 너희는 또 이 떡과 함께 일 년 된 흠 없
는 어린 양 일곱 마리와 어린 수소 한
마리와 숫양 두 마리를 드리되 이것들
을 그 소제와 그 전제제물과 함께 여
호와께 드려서 번제로 삼을지니 이는
화제라 여호와께 향기로운 냄새며
19 또 숫염소 하나로 속죄제를 드리며
일 년 된 어린 숫양 두 마리를 화목제
물로 드릴 것이요
20 제사장은 그 첫 이삭의 떡과 함께 그
두 마리 어린 양을 여호와 앞에 흔들
어서 요제를 삼을 것이요 이것들은

15】

16】

17】

18】

19】

20】

여호와께 드리는 성물이니 제사장에
게 돌릴 것이며
21 이 날에 너희는 너희 중에 성회를 공
포하고 어떤 노동도 하지 말지니 이
는 너희가 그 거주하는 각처에서 대
대로 지킬 영원한 규례니라
22 ○ 너희 땅의 곡물을 벨 때에 밭 모퉁
이까지 다 베지 말며 떨어진 것을 줍
지 말고 그것을 가난한 자와 거류민
을 위하여 남겨두라 나는 너희의 하
나님 여호와이니라

일곱째 달 첫 날은 쉬는 날

23 ○ 여호와께서 모세에게 말씀하여 이
르시되
24 이스라엘 자손에게 말하여 이르라 일
곱째 달 곧 그 달 첫 날은 너희에게 쉬
는 날이 될지니 이는 나팔을 불어 기
념할 날이요 성회라
25 어떤 노동도 하지 말고 여호와께 화
제를 드릴지니라

속죄일

26 ○ 여호와께서 모세에게 말씀하여 이
르시되
27 일곱째 달 열흘날은 속죄일이니 너희
는 성회를 열고 스스로 괴롭게 하며
여호와께 화제를 드리고
28 이 날에는 어떤 일도 하지 말 것은 너

21】

22】

23】

24】

25】

26】

27】

28】

희를 위하여 너희 하나님 여호와 앞
에 속죄할 속죄일이 됨이니라
29 이 날에 스스로 괴롭게 하지 아니하는
자는 그 백성 중에서 끊어질 것이라
30 이 날에 누구든지 어떤 일이라도 하
는 자는 내가 그의 백성 중에서 멸절
시키리니
31 너희는 아무 일도 하지 말라 이는 너
희가 거주하는 각처에서 대대로 지킬
영원한 규례니라
32 이는 너희가 쉴 안식일이라 너희는
스스로 괴롭게 하고 이 달 아흐렛날
저녁 곧 그 저녁부터 이튿날 저녁까
지 안식을 지킬지니라

초막절

33 ○ 여호와께서 모세에게 말씀하여 이
르시되
34 이스라엘 자손에게 말하여 이르라 일
곱째 달 열닷샛날은 초막절이니 여호
와를 위하여 이레 동안 지킬 것이라
35 첫 날에는 성회로 모일지니 너희는
아무 노동도 하지 말지며
36 이레 동안에 너희는 여호와께 화제를
드릴 것이요 여덟째 날에도 너희는
성회로 모여서 여호와께 화제를 드릴
지니 이는 거룩한 대회라 너희는 어
떤 노동도 하지 말지니라

29】
30】
31】
32】
33】
34】
35】
36】

37 ○ 이것들은 여호와의 절기라 너희는
공포하여 성회를 열고 여호와께 화제
를 드릴지니 번제와 소제와 희생제물
과 전제를 각각 그 날에 드릴지니
38 이는 여호와의 안식일 외에, 너희의
헌물 외에, 너희의 모든 서원제물 외
에 또 너희의 모든 자원제물 외에 너
희가 여호와께 드리는 것이니라
39 ○ 너희가 토지 소산 거두기를 마치
거든 일곱째 달 열닷샛날부터 이레
동안 여호와의 절기를 지키되 첫 날
에도 안식하고 여덟째 날에도 안식할
것이요
40 첫 날에는 너희가 아름다운 나무 실
과와 종려나무 가지와 무성한 나무
가지와 시내 버들을 취하여 너희의
하나님 여호와 앞에서 이레 동안 즐
거워할 것이라
41 너희는 매년 이레 동안 여호와께 이
절기를 지킬지니 너희 대대의 영원한
규례라 너희는 일곱째 달에 이를 지
킬지니라
42 너희는 이레 동안 초막에 거주하되
이스라엘에서 난 자는 다 초막에 거
주할지니
43 이는 내가 이스라엘 자손을 애굽 땅
에서 인도하여 내던 때에 초막에 거

37】

38】

39】

40】

41】

42】

43】

주하게 한 줄을 너희 대대로 알게 함
이니라 나는 너희의 하나님 여호와이
니라
44 모세는 이와 같이 여호와의 절기를
이스라엘 자손에게 공포하였더라

44】

계속해서 켜 둘 등잔불

24 1 여호와께서 모세에게 말씀하여 이
르시되
2 이스라엘 자손에게 명령하여 불을 켜
기 위하여 감람을 찧어낸 순결한 기
름을 네게로 가져오게 하여 계속해서
등잔불을 켜 둘지며
3 아론은 회막안 증거궤 휘장 밖에서
저녁부터 아침까지 여호와 앞에 항상
등잔불을 정리할지니 이는 너희 대대
로 지킬 영원한 규례라
4 그는 여호와 앞에서 순결한 등잔대
위의 등잔들을 항상 정리할지니라

여호와 앞에 진설할 떡

5 ○ 너는 고운 가루를 가져다가 떡 열
두 개를 굽되 각 덩이를 십분의 이 에
바로 하여
6 여호와 앞 순결한 상 위에 두 줄로 한
줄에 여섯씩 진설하고
7 너는 또 정결한 유향을 그 각 줄 위에
두어 기념물로 여호와께 화제를 삼을

1】
2】
3】
4】
5】
6】
7】

것이며
8 안식일마다 이 떡을 여호와 앞에 항
상 진설할지니 이는 이스라엘 자손을
위한 것이요 영원한 언약이니라
9 이 떡은 아론과 그의 자손에게 돌리고
그들은 그것을 거룩한 곳에서 먹을지
니 이는 여호와의 화제 중 그에게 돌리
는 것으로서 지극히 거룩함이니라 이
는 영원한 규례니라

여호와의 이름을 모독하면

10 ○ 이스라엘 자손 중에 그의 어머니가
이스라엘 여인이요 그의 아버지는 애
굽 사람인 어떤 사람이 나가서 한 이
스라엘 사람과 진영 중에서 싸우다가
11 그 이스라엘 여인의 아들이 여호와의
이름을 모독하며 저주하므로 무리가
끌고 모세에게로 가니라 그의 어머니
의 이름은 슬로밋이요 단 지파 디브
리의 딸이었더라
12 그들이 그를 가두고 여호와의 명령을
기다리더니
13 여호와께서 모세에게 말씀하여 이르
시되
14 그 저주한 사람을 진영 밖으로 끌어
내어 그것을 들은 모든 사람이 그들
의 손을 그의 머리에 얹게 하고 온 회
중이 돌로 그를 칠지니라

8】
9】
10】
11】
12】
13】
14】

15 너는 이스라엘 자손에게 말하여 이르
라 누구든지 그의 하나님을 저주하면
죄를 담당할 것이요
16 여호와의 이름을 모독하면 그를 반드시
죽일지니 온 회중이 돌로 그를 칠 것이
니라 거류민이든지 본토인이든지 여호
와의 이름을 모독하면 그를 죽일지니라
17 사람을 쳐죽인 자는 반드시 죽일 것
이요
18 짐승을 쳐죽인 자는 짐승으로 짐승을
갚을 것이며
19 사람이 만일 그의 이웃에게 상해를 입
혔으면 그가 행한 대로 그에게 행할 것
이니
20 상처에는 상처로, 눈에는 눈으로, 이
에는 이로 갚을지라 남에게 상해를 입
힌 그대로 그에게 그렇게 할 것이며
21 짐승을 죽인 자는 그것을 물어 줄 것
이요 사람을 죽인 자는 죽일지니
22 거류민에게든지 본토인에게든지 그
법을 동일하게 할 것은 나는 너희의
하나님 여호와임이니라
23 모세가 이스라엘 자손에게 말하니 그
들이 그 저주한 자를 진영 밖으로 끌
어내어 돌로 쳤더라 이스라엘 자손이
여호와께서 모세에게 명령하신 대로
행하였더라

안식년

25 1 여호와께서 시내 산에서 모세에게 말씀하여 이르시되

2 이스라엘 자손에게 말하여 이르라 너희는 내가 너희에게 주는 땅에 들어간 후에 그 땅으로 여호와 앞에 안식하게 하라

3 너는 육 년 동안 그 밭에 파종하며 육 년 동안 그 포도원을 가꾸어 그 소출을 거둘 것이나

4 일곱째 해에는 그 땅이 쉬어 안식하게 할지니 여호와께 대한 안식이라 너는 그 밭에 파종하거나 포도원을 가꾸지 말며

5 네가 거둔 후에 자라난 것을 거두지 말고 가꾸지 아니한 포도나무가 맺은 열매를 거두지 말라 이는 땅의 안식년임이니라

6 안식년의 소출은 너희가 먹을 것이니 너와 네 남종과 네 여종과 네 품꾼과 너와 함께 거류하는 자들과

7 네 가축과 네 땅에 있는 들짐승들이 다 그 소출로 먹을 것을 삼을지니라

희년

8 ○ 너는 일곱 안식년을 계수할지니 이는 칠 년이 일곱 번인즉 안식년 일곱 번 동안 곧 사십구 년이라

1】

2】

3】

4】

5】

6】

7】

8】

9 일곱째 달 열흘날은 속죄일이니 너는
뿔나팔 소리를 내되 전국에서 뿔나팔
을 크게 불지며
10 너희는 오십 년째 해를 거룩하게 하
여 그 땅에 있는 모든 주민을 위하여
자유를 공포하라 이 해는 너희에게
희년이니 너희는 각각 자기의 소유지
로 돌아가며 각각 자기의 가족에게로
돌아갈지며
11 그 오십 년째 해는 너희의 희년이니
너희는 파종하지 말며 스스로 난 것
을 거두지 말며 가꾸지 아니한 포도
를 거두지 말라
12 이는 희년이니 너희에게 거룩함이니
라 너희는 밭의 소출을 먹으리라

부당한 이익을 취하지 말라

13 ○ 이 희년에는 너희가 각기 자기의
소유지로 돌아갈지라
14 네 이웃에게 팔든지 네 이웃의 손에
서 사거든 너희 각 사람은 그의 형제
를 속이지 말라
15 그 희년 후의 연수를 따라서 너는 이
웃에게서 살 것이요 그도 소출을 얻
을 연수를 따라서 네게 팔 것인즉
16 연수가 많으면 너는 그것의 값을 많
이 매기고 연수가 적으면 너는 그것
의 값을 적게 매길지니 곧 그가 소출

9】

10】

11】

12】

13】

14】

15】

16】

의 다소를 따라서 네게 팔 것이라
17 너희 각 사람은 자기 이웃을 속이지 17】
말고 네 하나님을 경외하라 나는 너
희의 하나님 여호와이니라
18 ○ 너희는 내 규례를 행하며 내 법도 18】
를 지켜 행하라 그리하면 너희가 그
땅에 안전하게 거주할 것이라
19 땅은 그것의 열매를 내리니 너희가 배 19】
불리 먹고 거기 안전하게 거주하리라
20 만일 너희가 말하기를 우리가 만일 20】
일곱째 해에 심지도 못하고 소출을
거두지도 못하면 우리가 무엇을 먹으
리요 하겠으나
21 내가 명령하여 여섯째 해에 내 복을 21】
너희에게 주어 그 소출이 삼 년 동안
쓰기에 족하게 하리라
22 너희가 여덟째 해에는 파종하려니와 22】
묵은 소출을 먹을 것이며 아홉째 해
에 그 땅에 소출이 들어오기까지 너
희는 묵은 것을 먹으리라
23 ○ 토지를 영구히 팔지 말 것은 토지는 23】
다 내 것임이니라 너희는 거류민이요
동거하는 자로서 나와 함께 있느니라
24 너희 기업의 온 땅에서 그 토지 무르 24】
기를 허락할지니
25 만일 네 형제가 가난하여 그의 기업 25】
중에서 얼마를 팔았으면 그에게 가까

운 기업 무를 자가 와서 그의 형제가
판 것을 무를 것이요
26 만일 그것을 무를 사람이 없고 자기
가 부유하게 되어 무를 힘이 있으면
27 그 판 해를 계수하여 그 남은 값을 산
자에게 주고 자기의 소유지로 돌릴
것이니라
28 그러나 자기가 무를 힘이 없으면 그
판 것이 희년에 이르기까지 산 자의
손에 있다가 희년에 이르러 돌아올지
니 그것이 곧 그의 기업으로 돌아갈
것이니라
29 ○ 성벽 있는 성 내의 가옥을 팔았으
면 판 지 만 일 년 안에는 무를 수 있
나니 곧 그 기한 안에 무르려니와
30 일 년 안에 무르지 못하면 그 성 안의
가옥은 산 자의 소유로 확정되어 대
대로 영구히 그에게 속하고 희년에라
도 돌려보내지 아니할 것이니라
31 그러나 성벽이 둘리지 아니한 촌락의
가옥은 나라의 전토와 같이 물러 주
기도 할 것이요 희년에 돌려보내기도
할 것이니라
32 레위 족속의 성읍 곧 그들의 소유의
성읍의 가옥은 레위 사람이 언제든지
무를 수 있으나
33 만일 레위 사람이 무르지 아니하면 그

26】

27】

28】

29】

30】

31】

32】

33】

의 소유 성읍의 판 가옥은 희년에 돌
려 보낼지니 이는 레위 사람의 성읍
의 가옥은 이스라엘 자손 중에서 받
은 그들의 기업이 됨이니라
34 그러나 그들의 성읍 주위에 있는 들
판은 그들의 영원한 소유지이니 팔지
못할지니라
35 ○ 네 형제가 가난하게 되어 빈 손으
로 네 곁에 있거든 너는 그를 도와 거
류민이나 동거인처럼 너와 함께 생활
하게 하되
36 너는 그에게 이자를 받지 말고 네 하
나님을 경외하여 네 형제로 너와 함
께 생활하게 할 것인즉
37 너는 그에게 이자를 위하여 돈을 꾸
어 주지 말고 이익을 위하여 네 양식
을 꾸어 주지 말라
38 나는 너희의 하나님이 되며 또 가나
안 땅을 너희에게 주려고 애굽 땅에
서 너희를 인도하여 낸 너희의 하나
님 여호와이니라
39 ○ 너와 함께 있는 네 형제가 가난하
게 되어 네게 몸이 팔리거든 너는 그
를 종으로 부리지 말고
40 품꾼이나 동거인과 같이 함께 있게
하여 희년까지 너를 섬기게 하라
41 그 때에는 그와 그의 자녀가 함께 네

34】
35】
36】
37】
38】
39】
40】
41】

게서 떠나 그의 가족과 그의 조상의
기업으로 돌아가게 하라
42 그들은 내가 애굽 땅에서 인도하여 낸
내 종들이니 종으로 팔지 말 것이라
43 너는 그를 엄하게 부리지 말고 네 하
나님을 경외하라
44 네 종은 남녀를 막론하고 네 사방 이
방인 중에서 취할지니 남녀 종은 이
런 자 중에서 사올 것이며
45 또 너희 중에 거류하는 동거인들의 자
녀 중에서도 너희가 사올 수 있고 또
그들이 너희와 함께 있어서 너희 땅
에서 가정을 이룬 자들 중에서도 그
리 할 수 있은즉 그들이 너희의 소유
가 될지니라
46 너희는 그들을 너희 후손에게 기업으
로 주어 소유가 되게 할 것이라 이방
인 중에서는 너희가 영원한 종을 삼으
려니와 너희 동족 이스라엘 자손은 너
희가 피차 엄하게 부리지 말지니라
47 ○ 만일 너와 함께 있는 거류민이나
동거인은 부유하게 되고 그와 함께 있
는 네 형제는 가난하게 되므로 그가
너와 함께 있는 거류민이나 동거인 또
는 거류민의 가족의 후손에게 팔리면
48 그가 팔린 후에 그에게는 속량 받을
권리가 있나니 그의 형제 중 하나가

42】

43】

44】

45】

46】

47】

48】

그를 속량하거나
49 또는 그의 삼촌이나 그의 삼촌의 아
들이 그를 속량하거나 그의 가족 중
그의 살붙이 중에서 그를 속량할 것
이요 그가 부유하게 되면 스스로 속
량하되
50 자기 몸이 팔린 해로부터 희년까지를
그 산 자와 계산하여 그 연수를 따라
서 그 몸의 값을 정할 때에 그 사람을
섬긴 날을 그 사람에게 고용된 날로
여길 것이라
51 만일 남은 해가 많으면 그 연수대로
팔린 값에서 속량하는 값을 그 사람
에게 도로 주고
52 만일 희년까지 남은 해가 적으면 그
사람과 계산하여 그 연수대로 속량하
는 그 값을 그에게 도로 줄지며
53 주인은 그를 매년의 삯꾼과 같이 여
기고 네 목전에서 엄하게 부리지 말
지니라
54 그가 이같이 속량되지 못하면 희년
에 이르러는 그와 그의 자녀가 자유
하리니
55 이스라엘 자손은 나의 종들이 됨이
라 그들은 내가 애굽 땅에서 인도하
여 낸 내 종이요 나는 너희의 하나님
여호와이니라

49】

50】

51】

52】

53】

54】

55】

26 1 너희는 자기를 위하여 우상을 만들
지 말지니 조각한 것이나 주상을
세우지 말며 너희 땅에 조각한 석상
을 세우고 그에게 경배하지 말라 나
는 너희의 하나님 여호와임이니라
2 너희는 내 안식일을 지키며 내 성소
를 경외하라 나는 여호와이니라

상과 벌

3 ○ 너희가 내 규례와 계명을 준행하면
4 내가 너희에게 철따라 비를 주리니
땅은 그 산물을 내고 밭의 나무는 열
매를 맺으리라
5 너희의 타작은 포도 딸 때까지 미치며
너희의 포도 따는 것은 파종할 때까지
미치리니 너희가 음식을 배불리 먹고
너희의 땅에 안전하게 거주하리라
6 내가 그 땅에 평화를 줄 것인즉 너희
가 누울 때 너희를 두렵게 할 자가 없
을 것이며 내가 사나운 짐승을 그 땅
에서 제할 것이요 칼이 너희의 땅에
두루 행하지 아니할 것이며
7 너희의 원수들을 쫓으리니 그들이 너
희 앞에서 칼에 엎드러질 것이라
8 또 너희 다섯이 백을 쫓고 너희 백이
만을 쫓으리니 너희 대적들이 너희
앞에서 칼에 엎드러질 것이며
9 내가 너희를 돌보아 너희를 번성하게

1】

2】

3】

4】

5】

6】

7】

8】

9】

하고 너희를 창대하게 할 것이며 내
가 너희와 함께 한 내 언약을 이행하
리라
10 너희는 오래 두었던 묵은 곡식을 먹
다가 새 곡식으로 말미암아 묵은 곡
식을 치우게 될 것이며
11 내가 내 성막을 너희 중에 세우리니
내 마음이 너희를 싫어하지 아니할
것이며
12 나는 너희 중에 행하여 너희의 하나
님이 되고 너희는 내 백성이 될 것이
니라
13 나는 너희를 애굽 땅에서 인도해 내
어 그들에게 종된 것을 면하게 한 너
희의 하나님 여호와이니라 내가 너희
의 멍에의 빗장을 부수고 너희를 바
로 서서 걷게 하였느니라
14 ○ 그러나 너희가 내게 청종하지 아
니하여 이 모든 명령을 준행하지 아
니하며
15 내 규례를 멸시하며 마음에 내 법도
를 싫어하여 내 모든 계명을 준행하
지 아니하며 내 언약을 배반할진대
16 내가 이같이 너희에게 행하리니 곧
내가 너희에게 놀라운 재앙을 내려
폐병과 열병으로 눈이 어둡고 생명
이 쇠약하게 할 것이요 너희가 파종

10】

11】

12】

13】

14】

15】

16】

한 것은 헛되리니 너희의 대적이 그
것을 먹을 것임이며
17 내가 너희를 치리니 너희가 너희의
대적에게 패할 것이요 너희를 미워하
는 자가 너희를 다스릴 것이며 너희
는 쫓는 자가 없어도 도망하리라
18 또 만일 너희가 그렇게까지 되어도
내게 청종하지 아니하면 너희의 죄로
말미암아 내가 너희를 일곱 배나 더
징벌하리라
19 내가 너희의 세력으로 말미암은 교만
을 꺾고 너희의 하늘을 철과 같게 하
며 너희 땅을 놋과 같게 하리니
20 너희의 수고가 헛될지라 땅은 그 산
물을 내지 아니하고 땅의 나무는 그
열매를 맺지 아니하리라
21 ○ 너희가 나를 거슬러 내게 청종하
지 아니할진대 내가 너희의 죄대로 너
희에게 일곱 배나 더 재앙을 내릴 것
이라
22 내가 들짐승을 너희 중에 보내리니
그것들이 너희의 자녀를 움키고 너희
가축을 멸하며 너희의 수효를 줄이리
니 너희의 길들이 황폐하리라
23 ○ 이런 일을 당하여도 너희가 내게로
돌아오지 아니하고 내게 대항할진대
24 나 곧 나도 너희에게 대항하여 너희

17】

18】

19】

20】

21】

22】

23】

24】

죄로 말미암아 너희를 칠 배나 더 치
리라
25 내가 칼을 너희에게로 가져다가 언약
을 어긴 원수를 갚을 것이며 너희가
성읍에 모일지라도 너희 중에 염병을
보내고 너희를 대적의 손에 넘길 것
이며
26 내가 너희가 의뢰하는 양식을 끊을
때에 열 여인이 한 화덕에서 너희 떡
을 구워 저울에 달아 주리니 너희가
먹어도 배부르지 아니하리라
27 ○ 너희가 이같이 될지라도 내게 청
종하지 아니하고 내게 대항할진대
28 내가 진노로 너희에게 대항하되 너희
의 죄로 말미암아 칠 배나 더 징벌하
리니
29 너희가 아들의 살을 먹을 것이요 딸
의 살을 먹을 것이며
30 내가 너희의 산당들을 헐며 너희의
분향단들을 부수고 너희의 시체들을
부숴진 우상들 위에 던지고 내 마음
이 너희를 싫어할 것이며
31 내가 너희의 성읍을 황폐하게 하고
너희의 성소들을 황량하게 할 것이요
너희의 향기로운 냄새를 내가 흠향하
지 아니하고
32 그 땅을 황무하게 하리니 거기 거주

하는 너희의 원수들이 그것으로 말미
암아 놀랄 것이며
33 내가 너희를 여러 민족 중에 흩을 것
이요 내가 칼을 빼어 너희를 따르게
하리니 너희의 땅이 황무하며 너희의
성읍이 황폐하리라
34 ○ 너희가 원수의 땅에 살 동안에 너
희의 본토가 황무할 것이므로 땅이
안식을 누릴 것이라 그 때에 땅이 안
식을 누리리니
35 너희가 그 땅에 거주하는 동안 너희가
안식할 때에 땅은 쉬지 못하였으나 그
땅이 황무할 동안에는 쉬게 되리라
36 너희 남은 자에게는 그 원수들의 땅
에서 내가 그들의 마음을 약하게 하
리니 그들은 바람에 불린 잎사귀 소
리에도 놀라 도망하기를 칼을 피하여
도망하듯 할 것이요 쫓는 자가 없어
도 엎드러질 것이라
37 그들은 쫓는 자가 없어도 칼 앞에 있
음 같이 서로 짓밟혀 넘어지리니 너희
가 원수들을 맞설 힘이 없을 것이요
38 너희가 여러 민족 중에서 망하리니
너희의 원수들의 땅이 너희를 삼킬
것이라
39 너희 남은 자가 너희의 원수들의 땅
에서 자기의 죄로 말미암아 쇠잔하며

33】

34】

35】

36】

37】

38】

39】

그 조상의 죄로 말미암아 그 조상 같
이 쇠잔하리라
40 ○그들이 나를 거스른 잘못으로 자기
의 죄악과 그들의 조상의 죄악을 자복
하고 또 그들이 내게 대항하므로
41 나도 그들에게 대항하여 내가 그들을
그들의 원수들의 땅으로 끌어 갔음을
깨닫고 그 할례 받지 아니한 그들의
마음이 낮아져서 그들의 죄악의 형벌
을 기쁘게 받으면
42 내가 야곱과 맺은 내 언약과 이삭과
맺은 내 언약을 기억하며 아브라함과
맺은 내 언약을 기억하고 그 땅을 기
억하리라
43 그들이 내 법도를 싫어하며 내 규례
를 멸시하였으므로 그 땅을 떠나서
사람이 없을 때에 그 땅은 황폐하여
안식을 누릴 것이요 그들은 자기 죄
악의 형벌을 기쁘게 받으리라
44 그런즉 그들이 그들의 원수들의 땅에
있을 때에 내가 그들을 내버리지 아
니하며 미워하지 아니하며 아주 멸하
지 아니하고 그들과 맺은 내 언약을
폐하지 아니하리니 나는 여호와 그들
의 하나님이 됨이니라
45 내가 그들의 하나님이 되기 위하여
민족들이 보는 앞에서 애굽 땅으로부

40】

41】

42】

43】

44】

45】

터 그들을 인도하여 낸 그들의 조상
과의 언약을 그들을 위하여 기억하리
라 나는 여호와이니라
46 ○ 이것은 여호와께서 시내 산에서
자기와 이스라엘 자손 사이에 모세를
통하여 세우신 규례와 법도와 율법이
니라

46】

서원 예물의 값

27 1 여호와께서 모세에게 말씀하여 이
르시되
2 이스라엘 자손에게 말하여 이르라 만
일 어떤 사람이 사람의 값을 여호와
께 드리기로 분명히 서원하였으면 너
는 그 값을 정할지니
3 네가 정한 값은 스무 살로부터 예순
살까지는 남자면 성소의 세겔로 은
오십 세겔로 하고
4 여자면 그 값을 삼십 세겔로 하며
5 다섯 살로부터 스무 살까지는 남자면
그 값을 이십 세겔로 하고 여자면 열
세겔로 하며
6 일 개월로부터 다섯 살까지는 남자면
그 값을 은 다섯 세겔로 하고 여자면
그 값을 은 삼 세겔로 하며
7 예순 살 이상은 남자면 그 값을 십오
세겔로 하고 여자는 열 세겔로 하라

1】

2】

3】

4】

5】

6】

7】

8 그러나 서원자가 가난하여 네가 정한
값을 감당하지 못하겠으면 그를 제사
장 앞으로 데리고 갈 것이요 제사장
은 그 값을 정하되 그 서원자의 형편
대로 값을 정할지니라
9 ○ 사람이 서원하는 예물로 여호와께
드리는 것이 가축이면 여호와께 드릴
때는 다 거룩하니
10 그것을 변경하여 우열간 바꾸지 못할
것이요 혹 가축으로 가축을 바꾸면
둘 다 거룩할 것이며
11 부정하여 여호와께 예물로 드리지 못
할 가축이면 그 가축을 제사장 앞으
로 끌어갈 것이요
12 제사장은 우열간에 값을 정할지니 그
값이 제사장의 정한 대로 될 것이며
13 만일 그가 그것을 무르려면 네가 정
한 값에 그 오분의 일을 더할지니라
14 ○ 만일 어떤 사람이 자기 집을 성별
하여 여호와께 드리려하면 제사장이
그 우열간에 값을 정할지니 그 값은
제사장이 정한 대로 될 것이며
15 만일 그 사람이 자기 집을 무르려면 네
가 값을 정한 돈에 그 오분의 일을 더
할지니 그리하면 자기 소유가 되리라
16 ○ 만일 어떤 사람이 자기 기업된 밭
얼마를 성별하여 여호와께 드리려하

8】

9】

10】

11】

12】

13】

14】

15】

16】

면 마지기 수대로 네가 값을 정하되
보리 한 호멜지기에는 은 오십 세겔
로 계산할지며
17 만일 그가 그 밭을 희년부터 성별하
여 드렸으면 그 값을 네가 정한 대로
할 것이요
18 만일 그 밭을 희년 후에 성별하여 드렸
으면 제사장이 다음 희년까지 남은 연
수를 따라 그 값을 계산하고 정한 값에
서 그 값에 상당하게 감할 것이며
19 만일 밭을 성별하여 드린 자가 그것
을 무르려면 네가 값을 정한 돈에 그
오분의 일을 더할지니 그리하면 그것
이 자기 소유가 될 것이요
20 만일 그가 그 밭을 무르지 아니하려
거나 타인에게 팔았으면 다시는 무르
지 못하고
21 희년이 되어서 그 밭이 돌아오게 될
때에는 여호와께 바친 성물이 되어
영영히 드린 땅과 같이 제사장의 기
업이 될 것이며
22 만일 사람에게 샀고 자기 기업이 아닌
밭을 여호와께 성별하여 드렸으면
23 너는 값을 정하고 제사장은 그를 위
하여 희년까지 계산하고 그는 네가
값을 정한 돈을 그 날에 여호와께 드
려 성물로 삼을지며

17】

18】

19】

20】

21】

22】

23】

24 그가 판 밭은 희년에 그 판 사람 곧 그
땅의 원주인에게로 되돌아갈지니라
25 또 네가 정한 모든 값은 성소의 세겔
로 하되 이십 게라를 한 세겔로 할지
니라

처음 난 가축

26 ○ 오직 가축 중의 처음 난 것은 여호
와께 드릴 첫 것이라 소나 양은 여호
와의 것이니 누구든지 그것으로는 성
별하여 드리지 못할 것이며
27 만일 부정한 짐승이면 네가 정한 값
에 그 오분의 일을 더하여 무를 것이
요 만일 무르지 아니하려면 네가 정
한 값대로 팔지니라

여호와께 온전히 바친 것

28 ○ 어떤 사람이 자기 소유 중에서 오
직 여호와께 온전히 바친 모든 것은
사람이든지 가축이든지 기업의 밭이
든지 팔지도 못하고 무르지도 못하나
니 바친 것은 다 여호와께 지극히 거
룩함이며
29 온전히 바쳐진 그 사람은 다시 무르
지 못하나니 반드시 죽일지니라

십분의 일은 여호와의 것

30 ○ 그리고 그 땅의 십분의 일 곧 그 땅
의 곡식이나 나무의 열매는 그 십분의
일은 여호와의 것이니 여호와의 성물

24】

25】

26】

27】

28】

29】

30】

이라

31 또 만일 어떤 사람이 그의 십일조를
무르려면 그것에 오분의 일을 더할
것이요

32 모든 소나 양의 십일조는 목자의 지
팡이 아래로 통과하는 것의 열 번째
의 것마다 여호와의 성물이 되리라

33 그 우열을 가리거나 바꾸거나 하지
말라 바꾸면 둘 다 거룩하리니 무르
지 못하리라

34 ○ 이것은 여호와께서 시내 산에서
이스라엘 자손을 위하여 모세에게 명
령하신 계명이니라

31】

32】

33】

34】

눈으로 읽고 마음으로 옮겨쓰는

출애굽기● 레위기

초판 1쇄 : 2023년 5월 12일
발 행 인 : 황경자
발 행 처 : 도서출판 두돌비
등록번호 : 2006. 8. 17 제 2006-12호
주 소 : 서울시 중랑구 동일로 107길 12
전 화 : (02) 964-6993 | 팩스 : (02) 2208-0153
E-mail : 153books@hanmail.net

ISBN 978-89-85583-80-0